死過一次才學會愛

Dying To Be Me

My Journey from Cancer, to Near Death, to True Healing

艾妮塔的瀕死重生奇蹟

艾妮塔．穆札尼 Anita Moorjani ——著　隋芃 ——譯

獻給丹尼，我最真的愛，我一直都知道我們的愛超越時空。如果不是你，今天我不會還留在這世界上。

獻給摯愛的母親與哥哥阿努，感謝你們陪我走過人生，尤其是我生病的時候。你們在我最需要時照顧我。希望每個人，都擁有像你們這樣在乎我的家人。

獻給最親愛的先父，你最大的夢想就是看我結婚，卻沒能等到我的大喜之日。謝謝你給我機會，感受到你在另一個國度以永恆之姿存在，還有無條件的愛，並向我保證你會在每個角落守護我。

我相信宇宙間最偉大的真理不假外求，它不在於探究外在的星宿，在於我們的內在深處，就在我們的心、心智與靈魂的美好之中。唯有了解自己的內在，才有可能了解外在。

我寫下自己的故事，希望能夠觸動你的心，讓你也能發現自己是如此美好。

目錄

推薦序

活出愛，成為愛

周大觀文教基金會總執行長　趙翠慧

愈來愈多有瀕死經驗的人，重返人間。帶回來振奮人心的訊息：每個人要好好做自己，看見自己和別人的美好，活出愛，成為愛！

艾妮塔用生命書寫的書，就是近期最受到醫療與心靈各界關注的真實案例。居住在香港的艾妮塔，二〇〇二年時經醫師告知罹患淋巴癌。歷經四年艱辛痛苦、勇敢堅強的抗癌過程後，重要器官衰竭、陷入昏迷。

在送醫急救的那二十四小時中，她去到一個與現實世界完全不同的地方。逝去的親人好友都在那兒等著她，他們可以不用語言卻能溝通，明白彼此的心意。她還是接受了往生父親給予的勉勵——重回人間，勇敢過新的人生。在她的意識回到自己身體之後三天，她的癌症居然不藥而癒。她對生命的看法，也徹底不同了。

艾妮塔在書中說，去到另一個世界的感覺像是「回家」一樣，這讓我想起周大觀文教基金會在成立了「台灣瀕死經驗研究中心」後，曾邀請台灣有瀕死經驗的朋友到我家來，彼此無拘無束地分享自己的寶貴經驗，交換心得。而大家一致的深刻感覺，就是如呂應鐘教授所言的：瀕死經驗只是生命回家的過程而已。

回家，是喜悅的，是被愛包圍著的，這愛是無條件的。我們就像在外多年的遊子，心繫家園，惦念親人。那份還鄉的喜悅，真是難以形容。

艾妮塔在書中提到，她的療癒不是來自正面思考或信念的力量，而是因為完全放下了過去的教條、成見與掙扎，而促使了身體的「重設」。我想，艾妮塔的意思是，她的療癒是因為她的放下。當她放下、拋開了她的恐懼——怕自己不夠好、怕別人不愛自己，而開始接納自己、愛自己並成為愛之後，她就重生了。

我一直相信，「念力」和「正面思考」有不可思議的力量。這看法或許和艾妮塔所主張的——療癒並非來自正面思考或信念的力量，有所出入。但我認為，即使我們有相同的經驗，卻可以有不同的領悟。我的瀕死經驗為我帶來「重回人間，活著真好」的以下體悟：

一、淨化的真愛：

自愛——認識自己，接納自己，肯定自己，感謝自己。

愛人——給人歡喜，給人方便，給人信心，給人希望。

二、真誠的助人：

三心——柔軟心，慈悲心，歡喜心。

兩意——誠心誠意，有情有義。

三、強烈的求知：

閱讀——深入經藏，智慧如海。

思考——理性分析，邏輯歸納。

艾妮塔和我都是非常幸運的，即使在重病之中，仍有至愛我們的家人親友陪伴。這份不離不棄的愛所蘊含的能量，就是促使我們回來的動力。是人間這份真摯的愛放出的電波，和天上之愛的電波接上了，所以讓我們可以乘著這份愛回來，展開新的人生。

我真的相信：愛是一切的答案，愛成就了一切，不管是可能或不可能的事情。愛讓奇蹟發生，讓我們活出愛，成為愛！

推薦序

這是一個關於愛的故事

美國知名心靈作家　偉恩．戴爾博士

這本書的內容一直深深地感動著我，但是我與作者艾妮塔．穆札尼的情誼更令我感動。透過一連串神聖而巧妙的事件，她走入我的生命。

那四年之間，愈演愈烈的癌症推著艾妮塔踏過死亡門檻，走入死亡殿堂；甚至可以說，她不只穿越門口，還幾乎登堂入室了。艾妮塔在這本探索靈魂的書中詳細描述了她的故事，我鼓勵各位仔細閱讀，並保持開放的心胸，讓自己一向抱持的信念接受挑戰，尤其是與死後世界有關的信念，也就是所謂的來世。

當艾妮塔陷入昏迷時，病床旁的親友與醫療團隊都預期艾妮塔隨時會嚥下最後一口氣。但是她獲得第二次機會，回到了飽受癌症摧殘的身體裡；她跌破了所有人的眼鏡，甚至難以置信地痊癒了——透過無條件的愛。不僅如此，獲准從死亡殿堂回來的她，要告訴世人有形世界以外的另一個世界是什麼模樣。更重要的是，在死後的世界有什麼感覺。

這是一個愛的故事，談的是偉大又無條件的愛，讓你能夠重新感受真實的自我、生命的目的，以及你如何超越人生的恐懼和抗拒自我。艾妮塔直言不諱地討論自己的癌症，解釋自己為什麼必須走上這條險峻的人生道路，還有她覺得自己得以痊癒的原因，當然也包括她何以選擇返回人世。接下來，你即將閱讀她寫下的經驗，這點就已充分反映出她此生的任務……而我則有幸協助她把這個重要的訊息傳播到這世上。

艾妮塔昏迷了二十四個小時，這段期間她穿過了另一個世界的門檻，而她的發現帶給我的感動，完全不亞於我看到啟發人心的好文章或一場好演說的澎湃心情。我們兩個人都很清楚這是神性介入發揮巧手，讓這個住在地球另一端、文化背景與我截然不同的女士，被送到我的人生之中。

我第一次聽到艾妮塔的名字，是因為一位住在紐約的米拉·凱利（Mira Kelly）女士傳給我一份艾妮塔的瀕死經驗訪談稿。凱利女士後來成為我的朋友，並為我進行前世回溯療程〔這段故事收錄於我的著作《願望成真》（Wishes Fulfilled）〕。看完艾妮塔的瀕死經驗報告後，我感受到一股難以抗拒的召喚，我必須盡有限的一己之力把她的訊息散播出去。我打電話給 Hay House 出版社的社長瑞德．崔西（Reid Tracy），請他一定要找到艾妮塔，讓她詳述自己的經歷並付梓成書。我說如果她願意寫書，我會非常高興（不，是非常榮幸）幫她寫推薦序。經過一連串神奇的同時性安排，其中包括艾妮塔從香港打電話到我每星期在 hayhouseradio.com 的廣播節目，以及我和她的訪談播放至全球——我們建立起專業上的情誼與私人友誼。

艾妮塔提到，我們都是純粹的愛。我們不只是與每個人、諸神緊緊相連，在更深層的內在，我們就是神。我們允許恐懼與自我意識把神性趕出生命，所以我們的身體才會有這麼多的病痛，世界也一樣。她提到要珍惜我們的美好，成為光與愛的存在，以及心態的療癒特性。

艾妮塔說她曾經驗過沒有時間與空間的感覺，她也第一次感受到所謂的「一體」不只是口號或一種概念，而真的是萬事萬物都在同時彼此作用。她描述自己沐浴在純粹又幸福的愛的氛圍之中，以及這種感覺在療癒上所具有的無限潛能。她親身體驗了耶穌話語的真實意義：「在神凡事都能。」（with God all things are possible.）這包含了一切，包括療癒過去。艾妮塔親身經歷了我當時正在寫的《願望成真》一書的內容——在你所認識的神的面前，物質世界的定律（包括醫療）都是無用的。

我必須與這位女士碰面。一開始我們先通電話，我開始直接感受艾妮塔的心靈本質，以及取代恐懼、充滿希望的訊息。我請她不要只是寫這本書，也跟我一起去上公共電視的節目，把她的愛、希望與療癒的故事告訴全世界。

我把艾妮塔的瀕死經驗訪談稿寄給我母親，她已經九十五歲了，住在輔助照護中心。我母親經常見證死亡，她有許多老鄰居在睡夢中死去，從此消失在她的人生之中。我跟她曾多次討論有關生物必定會步入死亡的這個大謎團——有形之物終將化為無形。我們都能理解這一點，但謎團依舊未解。

看過艾妮塔的瀕死經驗訪問稿之後，母親說她覺得非常平靜，同時也讓她面對未知的恐懼、焦慮與壓力一掃而光。事實上，看過艾妮塔瀕死經驗訪問稿的人，包括我的孩子，都覺得對人生有截然不同的看法，而且誓言要永遠愛自己、珍惜自己的美好，而且要摒棄可能引發疾病的負面想法。我一直在寫這方面的文章，但是艾妮塔卻是親身體驗過。

艾妮塔療癒了自己的身體，而且曾多次告訴我，她回來是為了把這個簡單而強大的訊息告訴世人。這不但能夠療癒自我，也能改變我們的世界。我知道這就是神讓艾妮塔跟我相遇的原因。

我一直覺得我的使命，就是讓世人了解自己的神性，明白內在的最高境界就是神。我們不是身體，也不是我們的成就或財產。我們與生命的來源實屬一體，也就是神。

我正在把這些想法寫進新書《願望成真》時，艾妮塔·穆札尼就悄然走進我的生命，她的出現宛如一個驚歎號。她把親身經歷以優美的文筆娓娓道來，現在各位也有幸能夠閱讀並實踐艾妮塔所領悟到的真理，包括她對抗末期癌症的艱辛過程，以及直接感受到神性療癒的那段寧靜之旅。

她傳遞充滿希望的愛，並把這樣至善至美的訊息當成終極療癒，而我非常榮幸也能在其中扮演一個小小的角色。希望你能接受艾妮塔的訊息，發揮力量消除身體、人際關係、國家與世界的疾病。正如詩人布朗寧夫人（Elizabeth

Barrett Browning）充滿詩意的觀察：「地球上處處是天堂，每一株尋常灌木裡都有神的存在。」的確，只要有愛，在這個星球上尋求療癒及天堂，絕非遙不可及。

請好好享受艾妮塔的美好著作。我愛這本書，也愛艾妮塔。

作者序

死過一回，我何以重返人世？

我分享自己的故事，主要是希望別人不會重蹈我的覆轍。

我不習慣教導別人或告訴大家該怎麼過日子，也不喜歡建議別人應該做出哪些改變，就算有人問我，我也不會這麼做。我喜歡以身作則，為他人創造一個安心的環境，讓他們能夠在那樣的環境裡認識真實的自己。

我在二〇〇六年的冬春之交經歷了瀕死經驗，最後擺脫了糾纏我四年的癌症。在那之後，我就一直存在著上述的想法。我在瀕死過程中看見及感知到未來人生的某些樣貌，明白自己之所以選擇返回人世，是因為我的經驗與訊息可以感動他人。

在那樣的狀態中，我發現自己應該以某種方式啟發數千，甚至數萬人，但是我並不清楚應該使用怎樣的方式，只知道我一定能以某種方式幫助許多人。我有一種特別的感覺，那就是我不需要強求就能做到這件事。我只需要好好做自己並享受人生，使自己成為能讓偉大事件發生的一種工具。

為了回應來自醫學界與科學界的疑問，以及別人針對世界本質與個人經驗所提出的問題，我曾經以口頭和書面方式描述自己的經驗，而這同時也促成了本書的出版。對於自己從癌症與瀕死經驗中所了解到的事，我一向知無不言。我喜歡與人分享我的經驗以及這些經驗帶給我的人生體悟，尤其是當我覺得這樣的分享能使對方受惠的時候。

我的故事始於第一部，談的是我特殊的成長背景，在面對多元文化，以及東西文化獨特，甚至互相牴觸的信念時，我如何自處。這樣的成長背景塑造了我，同時也令我充滿恐懼，而這些恐懼終將以疾病的形式呈現。我將帶領讀者從我的童年步入成年，還有我受困於癌症牢籠的心路歷程。

第二部要探索的是瀕死經驗，包括我當時的體驗和領悟，以及後來所發生的事。癌症痊癒與找到自己在世界上的全新定位，是一趟充滿驚喜、挑戰與興奮的旅程！

第三部描述的是我所了解的療癒、今日的世界狀態，以及如何呼應內在的本質過生活，展現自己本具的美好。最後以問答集作結，條列出別人最常問我的問題，還有人們心中最艱難的挑戰。

在與各位分享我從個人經驗中所得到的領悟之前，我想先澄清我並不知道任何宇宙或科學真理，我不想成為任何人的精神導師，也不想自創宗教或信仰體系。我唯一的目標是提供協助，而不是說服世人。

我要特別強調的是，你不需要親身經歷瀕死經驗，也能獲得療癒！我想跟大家分享的是，我認為導致我罹癌的是情緒與心理因素，希望在我指出這些因素之後，人們可以減少或甚至消除致病機率。於此同時，如果你或你身邊有人罹患癌症或其他嚴重疾病，請相信還有許多方式可以獲得療癒，而我只能建議你採用讓自己最放心也最有共鳴的療法。

如果你尋求的是步驟式的指導原則，那我無法提供你任何協助，因為我不相信任何「一體適用」的教條。這種做法只會限制你。甚至在我提到愛自己的時候，也不是為了要引人注意，而是希望你可以體驗到同樣的內在感受。我分享自己的經驗與看法，唯一的目的就是觸發你內在本具的美好。我希望能喚醒你內在沉睡的精神導師，讓祂引導你找到自己在宇宙中心的位置。

希望你在人生旅程的每一天中，都能發現喜樂，並像現在的我一樣地熱愛生命！

第一部

尋找正確的道路

1 我「死去」的那天

天啊！這種感覺真舒服！我自在又輕盈！為什麼我的身體不再感到疼痛？疼痛都跑哪兒去了？等等，為什麼周圍的事物都離我愈來愈遠？可是我一點也不害怕！為什麼我不害怕？我的恐懼到哪兒去了？哇，我居然無所畏懼了！

以上的想法，都出現在我被匆忙送往醫院的途中。我身旁的世界開始變得如夢似幻，我感覺到意識漸漸遠離，而我進入昏迷狀態。四年來，我的身體在癌症的蹂躪下——不，是在癌症的吞噬之下，器官開始一個個罷工。

二〇〇六年二月二日，這個日期將永遠烙印在我腦海中，因為我在這一天「死」了。雖然陷入嚴重的昏迷狀態，我卻非常清楚周遭發生了什麼事情，包括家人將我緊急送醫途中的焦急及激動。我們一抵達醫院，腫瘤科醫生一見到我，臉上立刻露出震驚的神色。

她告訴我的丈夫丹尼：「雖然你老婆的心臟還在跳動，但是她已經失去意識了。現在救她，為時已晚。」

我心想：醫生在胡扯什麼？我這輩子從來沒覺得這麼舒服過！媽媽跟丹尼為什麼看起來又害怕又擔心？媽，不要哭。到底怎麼了？妳是因為我才哭的嗎？別哭了！我很好，真的。親愛的媽媽，我很好！

我以為自己正在大聲說話，但這些話根本沒有說出口。我發不出任何聲音。我想抱抱母親，安慰她，跟她說我很好，但是我不明白自己為什麼做不到。為什麼我的身體不聽話？為什麼我只能靜靜躺著，了無生氣、全身癱軟？我明明很想擁抱我最愛的丈夫與母親，要他們別再擔心，告訴他們我很好，也不再感到疼痛了。

你看！丹尼，我可以來去自如，不需要坐輪椅了。這感覺真奇妙！我不用靠氧氣瓶也能呼吸。我的呼吸不再沉重，皮膚上的爛瘡也消失了！忍受了四年痛苦不堪的生活之後，現在我終於痊癒了！

我處在一種純粹的喜樂狀態之中，飽受癌症蹂躪的身體終於不再感到痛苦。

我希望家人能為我高興。我的折磨終於結束，他們的折磨也結束了，為什麼他們還是不高興呢？

他們為什麼沒有跟我一樣歡樂？難道他們感受不到我的喜悅嗎？

「求求你，一定還有辦法。」丹尼和我母親繼續懇求著醫生。

「她只剩下幾個小時的生命了。」醫生解釋：「你們的醫生為什麼不早點送她來這裡？她的器官衰竭，才會陷入昏迷。她連今晚都撐不過去，你們的要求是不可能的任務。到了這個階段，施打任何藥物對她的身體來說都會因為毒性太強而致命，因為她的器官已經無法正常運作！」

「也許你說得對，」丹尼態度強硬：「但是我絕不放棄！」我靜靜躺著，丈夫緊緊握住我無力的手，我聽見他的聲音裡滿是痛苦與無助。我多麼想讓他停止受苦。我想讓他知道，我現在覺得很舒服，但是我無法告訴他。

別聽醫生的，丹尼，別聽她胡說！她為什麼要那麼說？我還在這裡，我沒事。比沒事更好——事實上，我覺得好極了！

不知道為什麼，我可以感受到每個人的情緒，包括家人的情緒與醫生的情緒。我可以感受到他們的恐懼、焦慮、無助和絕望，彷彿他們的情緒就是我的情緒，我已經變成他們。

老公，我能感受到你的痛苦，我能感受到你們每個人的情緒。請不要為我哭泣，也告訴媽媽別為我哭泣。請告訴她！

當我開始牽扯進這場情緒大戲裡的時候，同時也感受到一股力量正在把我拉開，就像有個更偉大的計畫將要呈現在我面前。當我發現一切是如此完美，對俗世景象的眷戀也在慢慢消失。

此時此刻我才終於明白，我真的快死了。

喔……我快死了！這就是瀕臨死亡的感覺嗎？跟我想像的完全不同。寧靜、安詳，這就是我所有的感覺……而且我的病痛不見了！

我發現就算軀體停止運作，偉大的生命織錦依然運作如常，因為我們永遠不會真正死去。

我對身旁的情況瞭若指掌，我看到醫療人員把我垂死的身軀推入加護病房。他們把我團團圍住，有人在我身上接上機器，有人幫我打針插管。

我覺得病床上那具了無生氣的軀體，似乎跟我毫無關係，甚至不像我自己的身體。它看起來太小也太卑微，不足以承受我此刻的感受。我所有的疼痛、悲傷與憂愁都煙消雲散了，這是全然的無拘無束，我從未有過這種自由的感受，從來沒有。

接著我有一種被環抱的感覺，我只能說，那是一種純粹無條件的愛，甚至用「愛」這個字尚不足以形容。那是一種最深切的關愛，是我從來不曾感受過的。這種關愛超越人類所能想像的任何情感形式，而且不求回報。無論我做過什麼事，這份關愛都不會離開我，我也不用做任何事來換取這份愛。不管發生什麼事，我都能擁有這份愛。

我沐浴在這股能量之中，覺得煥然一新，心中充滿了歸屬感，就好像我終於擺脫了多年來的掙扎、痛苦、焦慮與恐懼。

那是一種回家的感覺。是的，我終於回家了。

2 印度家庭，中國女傭

印度是個美好的國家，只是我注定不會住在那裡。我的父母都是印度人，他們的家鄉在印度信德省的海德拉巴市（Hyderabad, Sindh），我卻出生在美麗的新加坡。

我的祖父是紡織品商人，在斯里蘭卡經營家族進出口事業，把歐洲、印度與中國的紡織品行銷到世界各地。我的父親也參與經營家族企業，所以必須四處出差。一直到我兩歲時，父親才決定在當時的英國殖民地香港定居下來。這樣的背景，讓我同時在三種文化和語言中成長。

香港是個活躍又忙碌的大都會，這座城市的居民以華人為主，所以我都是用廣東話跟香港人交談。父母送我跟哥哥阿努（Anoop）去念英國學校，課程以英語授課，大部分的同學都來自英國。不過，我們在家裡說母語信德語（Sindhi），也以印度的生活方式過日子。

我的父親又高又帥，在家人面前充滿威嚴。我知道他很愛我們，但對我們卻很嚴格，希望我們遵守他的規定。小時候我很怕他，總是戒慎恐懼不敢惹他生氣。母親剛好相反，她對我跟哥哥都很慈祥，我有任何感受都能向她傾訴。

我很愛哥哥阿努，雖然年齡差了五歲，但是我們從小到大都很親。對小孩子來說，五歲是很大的年齡差距，所以我們幾乎很少玩在一起，也沒有吵過架。我很崇拜哥哥，哥哥對我也保護有加。在哥哥身旁總是很有安全感，我知道什麼事都能跟他說。在我的人生中，哥哥發揮的男性影響力大過父親。

我的父母是很傳統的印度人，兩人因媒妁之言而結婚。他們也希望在阿努和我長大之後，能為我們找到合適的結婚對象。除此之外，按照傳統，印度婦女必須服侍丈夫與一家之主。

這樣的性別歧視，在印度文化中處處可見。不過年紀還小的我，並沒有質疑這樣的價值觀，當時的我還以為全世界都是這樣。我第一次因為性別歧視而感到難過是在我六歲時，有一次我無意間聽到母親和女性友人的談話內容。

「妳第二胎生女的，會不會失望啊？」母親的友人用印度方言問道。

在母親說出答案之前，我心中燃起一陣焦慮。

「當然不會，我深愛我的女兒！」母親回答。我當下鬆了一口氣。

「但是生女兒很麻煩，尤其是長大後。」那位友人說：「養女兒得注意不能寵壞她們，否則就找不到好老公。再說，嫁女兒必備的嫁妝排場一年比一年盛大！」

「你無法預測未來。無論是兒子還是女兒，兒孫自有兒孫福。」我還記得母親睿智的回答。

「我很慶幸自己兩胎都生兒子！」母親的友人驕傲地說。儘管我年紀還小，都聽得出她說這句話的時候有多得意。

後來當我們母女獨處時，我問她：「媽媽，生女兒真的很麻煩嗎？」

「當然不會，親愛的貝塔（Beta）。」她答道。（註：「貝塔」，在我們的方言中是「孩子」的意思。）

母親把我拉進她的懷中，我記得當時在心裡告訴自己，我一定不要因為自己是女孩就給父母帶來麻煩。我不希望他們後悔生了我這個女兒。

我們在香港的第一個家，位於跑馬地的一棟九層樓公寓中，就在賽馬場旁邊。我經常在窗邊一待就是好幾個小時，看著身穿鮮豔綢衣的騎師，帶著馬兒練跑準備週末的比賽。

公寓前面就是沿著幹道行駛的電車軌道，每當我望著七樓公寓的窗外發呆時，隆隆駛過的電車總是打斷我的白日夢。

早上翻身起床時，都能嗅著空氣中熟悉的一股濃郁香氣，那是焚燒檀香與玫瑰香的氣味。我一直很喜歡這種香氣，給人一種祥和、寧靜的感覺。一起床，我就跑去找母親，她穿著色彩鮮豔的長衫褲裝（salwaar kameez，傳統印度服飾），材質大都是精緻的印度絲或法國雪紡綢，母親擁有各式各樣的長衫褲裝。我起床去找她時，她正準備走進家裡的佛堂。

我的父母每天早上都會在佛堂裡，對著黑天、吉祥天女、濕婆、猴神哈奴曼與象頭神的神像打坐、祈禱、誦經，想提升自己的內在力量，迎接嶄新的一天。我的父母信奉印度教吠陀經文，以及錫克教創始人那納克宗師（Guru Nanak）與《錫金聖典》（Guru Granth Sahib）的教義。

我經常坐在佛堂前看著父母的一舉一動。他們先把香點燃，然後拿著香在小神像與畫像前繞圈，同時一邊吟誦著普迦（印度教的祈禱文）。我會在旁邊模仿他們的動作。

再過一會兒，我們的華人保母亞芳就會開始打理各種家務，她總是一邊做家事，一邊叨叨絮絮地用廣東話跟我說話。她身材瘦小，穿著中國傳統的黑白衫褲，踩著輕巧的碎步在房子裡四處穿梭。我很黏亞芳。亞芳來我家工作是在我兩歲時，記憶中她一直都是我們家的一份子。

平常我都要等到傍晚才會見到父母。亞芳會到學校接我放學，回家後為我準備午餐，也常帶我去市場採購家裡需要的生鮮食材。我們每次都搭電車，跟著亞芳出門是我的一大樂事。

電車一在公寓前停下我們就跳上去，對我來說，這猶如一場探險。電車在擁擠狹窄的香港街道穿梭，我凝視窗外，看著電車經過跑馬地、銅鑼灣和灣仔。我們在市場那站下車，亞芳緊緊抓住我的小手。我好喜歡這裡的景象、氣味和聲音，爸媽從沒帶我來過這麼刺激的地方！他們出入都坐轎車，而且只在百貨公司購物。無聊的百貨公司當然比不上多彩多姿、色香味俱全的菜市場。

市場裡應有盡有，除了生鮮農產品與日常用品，也有各式各樣的小玩意兒。小販吆喝聲此起彼落，商品雜亂地堆在攤子上。菜攤與菜攤之間，還夾雜著各式各樣的攤位，賣鞋子、花、鍋碗瓢盆、廉價塑膠玩具、色彩鮮豔的水果、人工珠寶飾品、氣球、鮮魚、鮮肉、短襪跟褲襪、五顏六色的餐巾與毛巾、桌布等等，大部分商品都從攤位溢滿到路上。

這幾個小時裡，我彷彿在奇幻世界遊蕩。

「亞芳！妳看！那個人拿著蛇在幹嘛？」我用廣東話興奮地喊著亞芳。

「那是賣蛇的，他把蛇綁起來，好讓客人帶回家煮蛇湯。」亞芳回答。

我驚訝地瞪大眼睛，看著那條蛇奮力扭動身體、爭取自由，無奈小販的雙手技巧純熟，再怎麼掙扎也沒用。小販熟練地用竹條綑綁牠，把牠放進網籠裡。我為蛇的悲慘命運感到傷心。

雖然如此，我還是很喜歡跟著亞芳上市場。對我來說，小小的市場之旅是一場精彩的感官大冒險！

雖然亞芳已經住在我們家多年，但是每次母親或父親進屋時，她都會趕緊垂下頭去，或把目光移開。我是個好奇寶寶，經常拿各種問題煩她，也包括她的行為舉止。我小小的腦袋裡，總是不停地調適父母與亞芳之間的文化差異。

「妳為什麼每次都這樣？」六歲的我想要知道。

「每次都怎樣？」亞芳問。

「為什麼每次我爸媽經過妳旁邊，妳都要垂下頭？」我用廣東話問她。

「因為我尊敬他們。」她解釋。

「為什麼？」

「妳爸媽是我的雇主啊！我要讓他們知道我很尊敬他們，我會做好下人的本分。」

「妳是他們的下人？」這件事讓我大吃一驚。

「對，因為他們給了我工作。」

「那妳也是我的下人嗎？」我問她。

亞芳開心地笑了，她對我頑強的好奇心早就習以為常了。

「不是，因為妳沒有給我工作。我是來照顧妳的。」

「喔，我知道了。」一說完，我就跑去玩新的洋娃娃了。

我也很喜歡跟亞芳的女兒妹仔一起玩。大概從我五歲起，每逢週末，妹仔就會跟媽媽一起住在我們家。她只比我大一歲，我廣東話說得很好，所以我們很快就變成朋友。我很喜歡有妹仔陪我，我們一起玩我的玩具，也會一起去附近的公園玩。週末家裡多了個玩伴陪我，爸媽也覺得很高興。

星期天亞芳放假，她會帶妹仔出去吃午餐，然後把女兒送回外婆家。妹仔平時跟外公外婆住在一起（雖然當時我沒問過，但回想起來，亞芳應該是個單親媽媽，在家人的協助下獨力撫養妹仔）。如果我沒有跟父母出門，亞芳就會帶著我一起送妹仔回外婆家，我非常珍惜那些短暫的出遊。

我們像平常一樣搭電車，然後先在路邊攤吃飯。廣東話叫這種街邊小吃攤「大排檔」，我們坐在矮凳上大口吃著雲吞麵，無視身旁呼嘯而過的車子。吃飽後，亞芳就帶我們一起回妹仔的外婆家。那是一棟沒有電梯的低矮公寓，他們家很簡陋，沒什麼家具。我在昏暗的石造公寓裡頭亂晃，好奇地探索著每個角落。亞芳跟父母一起用彩色的小瓷杯喝茶，瓷杯上畫著中國十二生肖的圖案，有龍有虎，我用玻璃杯喝果汁或甜茶。

在他們家永遠不會嫌無聊，就算聊天聊膩了，也可以透過大拱窗看樓下的街道。樓下賣海鮮乾貨的小販們趁著午後烈日把草席一攤，當街曬起新鮮的干貝和鮮魚。

所以說，我的童年算得上是一種東西合璧。香港是以華人為主的英國殖民地，除了華人的中元節與中秋節，也過耶誕節跟復活節。

因為亞芳和妹仔，我認識了中國的傳統與信仰，還有各個節慶背後的含意，我更高興的是，妹仔只要一放假，就會住我們家。就拿中元節來說，那一天家家戶戶都會準備供品祭拜已故親人，並祈求他們能減輕痛苦。

阿努跟我在一旁看亞芳、妹仔、廚子阿俊祭拜過世的親人，焚燒用紙做成的各式精巧用品。他們在我家後面廚房外的樓梯底下，先在一個大火爐裡生好火，然後把紙紮用品丟進去燒。這些紙紮品包括汽車、房子，甚至還有紙錢。他們相信在另一個世界的祖先會收到這些奢侈品。

「亞芳，妳燒的紙房子，妳爺爺在天堂收得到嗎？」我好奇地問。

「可以的，艾妮塔。雖然我的祖父母過世了，還是希望我能惦記著他們、供養他們。我們都要尊敬我們的祖先。」她說。

祭拜後，亞芳、阿俊和妹仔會坐在廚房後面的餐桌吃飯，這些菜是阿俊花了大半天的時間準備的。他們會在餐桌旁留下一個位置，請祖先一起享用佳餚，並擺上另外準備的供品。我通常會跟他們一起吃中元節晚餐，而且每次都很擔心他們的祖先會吃不飽！

我最喜歡的節日是中秋節，許多店家的天花板垂掛著琳琅滿目的燈籠，我可以選一盞帶回家。這些燈籠有各種形狀和大小，包括十二生肖造型的燈籠，我最喜歡的是兔子燈籠！亞芳會帶妹仔跟我一起去市場後面的店家買燈籠。

就某些意義來說，我覺得中秋節很像美國的感恩節，只不過中秋節是慶祝秋分前後的滿月。慶祝儀式是吃月餅與分送月餅，而且月餅口味眾多。我們在五顏六色的美麗紙燈籠裡點著蠟燭，然後提著燈籠出門。妹仔跟我還有附近的孩子們會把燈籠掛在屋外，或是掛在樹上跟籬笆上。中秋夜我們可以晚點上床睡覺，就著燈籠和月光玩耍。這天晚上的月亮是一年之中最圓、最亮的。

我家也慶祝印度節日，例如排燈節（Diwali，印度教的燈節），這是一個大節日。我們會特地穿上新衣，所以每年的排燈節總是令我滿心期待。

儘管年紀還小，但是我覺得為了慶祝節日添購新衣真是太棒了！母親會帶哥哥跟我去連卡佛百貨公司（Lane Crawford），當時連卡佛是香港市中心規模最大的百貨公司。我們把童裝部逛個徹底，我興奮地看著洋裝與連身裙，哥哥看的是襯衫跟長褲。母親總是趁排燈節幫我買一件新洋裝，通常是色彩愈鮮豔愈好，配合節慶的歡樂氣氛。

喜氣洋洋的排燈節傍晚，我們全家人都換上新衣。母親通常會穿色彩明亮的全新紗麗，並佩戴上她的所有首飾；父親則是穿著傳統的男裝長衫褲；哥哥穿長褲跟襯衫，我穿全新的洋裝。

等所有人都打扮好，我們出發去跑馬地的印度廟，跟其他印度人寒暄相聚，一起唱拜讚（bhajan），也就是印度教的聖歌。

伴隨著鐘聲與鈴聲，我們吟唱聖歌的聲音在挑高圓頂的廟堂裡迴盪，然後慢慢消散在晚風中。我還清楚記得裊繞的鐘聲餘韻，觸動了我的靈魂深處。每逢印度教節日，這間廟堂的庭院總是充滿了色彩、音樂與舞蹈，熱鬧歡騰，還有香料味撲鼻的印度素食菜餚，跟香甜的焚香氣味交織在一起。我最愛節慶氣氛了！

「媽媽，我要到最前面去，讓馬哈拉吉（maharaj，印度教上師）在我額頭點上硃砂！」我興奮地用信德語大聲告訴媽媽，小小的身軀在色彩繽紛的群眾裡奮力往前鑽。

在額頭上點硃砂，象徵打開了第三隻眼，這是我每次到廟裡去一定要做的儀式。身為印度人，我從小就相信果報與輪迴。大多數東方宗教都建立在同樣的信念上，相信人生的意義就是提升意識，透過每一次的生死輪迴讓心靈更上一層樓，獲得開悟，直到打破生死輪迴，不再需要轉世為血肉之軀為止。那就是所謂的涅槃境界。

有時候，想到這事會讓我不安，因此我會盡量小心不做任何會在來世遭受報應的事情。雖然我還是個孩子，小小的腦袋卻常想著哪些事會帶來善報，哪些事會帶來惡報，因為我必須在自己的文化信仰評量表上拿到高分。

信奉印度教，也讓我明白有許多方式可以淨化思想、尋求開悟，打坐與誦經就是其中之二。打坐可以讓我們超越肉身，開發覺知。在我的成長過程中，我早已慢慢了解到人不光是血肉之軀而已。

3 天主教學校來了一個印度教徒

不同於在家學習的印度教傳統，我小時候念的是天主教學校，教職員都是修女。到了七歲上下，我已經開始感受到文化與宗教差異的衝擊了。

我們的校舍是一棟美麗又寬敞的老建築，樓高三層，樓頂還有一間可愛的圓頂小禮拜堂。學校離我家很近，所以我都走路上學。

第一天上學，我驕傲地穿上新制服。俐落的白色連身裙配上深藍色外套，上面還繡著漂亮的紅色校徽。我一踏進學校，就看見其他學生跟我穿著一模一樣的制服，這種感覺真棒。制服給我帶來一種歸屬感。每天到學校的第一件事就是唱聖歌，我也樂在其中。

「為什麼你們家星期天不上教堂？」開學大約一個月後，同學約瑟夫問我。

「因為我們不信天主教，我們是印度教徒，我們每個星期一晚上都會去印度廟。」我說。

「妳一定要跟妳爸媽說，每個星期天都要帶妳去教堂向上帝禱告，不然妳死掉後不能上天堂。」約瑟夫說。

「你確定嗎？」我問他：「如果真是這樣，我爸媽一定早就知道了。」

「我當然確定，不信妳去問其他同學，不然下一堂聖經課問瑪莉修女更好。她肯定知道真相。她知道上帝要什麼！」約瑟夫態度堅定。

我喜歡約瑟夫。他似乎很關心我，也真心希望我能上天堂。所以我問了瑪莉修女，她當然強調了上教堂與讀聖經的重要性，這樣才能獲得上帝的恩惠。她親切地表示她願意幫我了解上帝的話語。

那天下午放學回家後，我決定把瑪莉修女的話告訴媽媽。

「媽媽，學校裡的朋友跟修女都說星期天一定要上教堂，而且一定要讀聖經，否則死後就不能上天堂。」

「不，貝塔。」母親說：「妳別擔心，只要跟他們說我們是印度教徒就行了。等妳再大一點，就可以研讀印度教的吠陀經。不同地方的人，本來就會有不同的信仰。妳以後就會知道，人死後會輪迴轉世到另一種環境。」

「我覺得學校裡的同學一定不會相信。」我繃著臉說：「而且我很害怕。萬一他們說的才是對的，那怎麼辦？他們不可能全都是錯的，修女說的話怎麼可能會錯？」

媽媽抱住我，她說：「別怕，貝塔。沒有人知道生死的真相，就連瑪莉修女也不知道。宗教只是尋找真理的一條道路。宗教並不是真理，它只是一條道路。不同的人當然會走不一樣的路。」

雖然我獲得暫時的安慰，但是母親的話並未完全減緩我與日俱增的恐懼。我對於自己沒有信奉同學的宗教感到擔心，而且情形愈來愈嚴重。

我很希望瑪莉修女能告訴我，雖然我是印度教徒，死後依然可以上天堂，可是她始終沒有說出能讓我放心的保證。我從學校裡學到，沒上天堂的人將面臨可怕的命運。

萬一，上帝決定在我睡覺時來找我怎麼辦？瑪莉修女說上帝無所不在，無

所不知。這表示，他知道我沒有受洗！

所以我徹夜未眠、不敢闔眼，不讓上帝有機會現身，告訴我未得到上帝恩惠的人會有什麼下場。

父母愈來愈擔心我的焦慮和失眠問題，當他們發現我的恐懼愈演愈烈時，就在我八歲時決定讓我轉學到港島中學。這所小小的英國學校位於寶雲道上，只有六幢建築物與周圍一小圈空地，隱身在香港的丘陵區裡。這是一所普通學校，學生家長主要是英籍外派人士，其中有些在政府部門工作，有些服務於協助建設及開發香港的跨國企業。

學校本身在當時算是資源充足、環境美麗而且設備先進，有科學實驗室、語言教室、實驗動物園、體育館和游泳池。然而，在這個以英國人為主的環境裡，一個印度學生同樣生存不易。班上同學大部分是金髮碧眼，因此我經常被孤立、欺負，只因為我的膚色及一頭又密又黑的捲髮。

我的心裡都是像這樣的念頭——**希望比利不要再用「黑炭」之類的字眼叫我！**此外，幾乎每次分組都沒人要選我，也很少有人邀我一起玩。甚至有些同學會趁我不注意時拿走我的東西，例如書本和筆。

這些行為在在讓我感到孤單、傷心又沮喪，但是我從不在公共場合掉淚，等回到家才躲在房間裡抱著枕頭痛哭。我甚至不想讓父母知道自己遭到霸凌，因為我不想給他們製造問題，畢竟他們已經幫我轉學一次了。我一直假裝自己適應良好、心情愉快。

即便如此，還是發生了一件對我衝擊甚巨的事。有一天我坐在學校餐廳裡，誰也不理，自己靜靜地吃著午餐。坐在我斜對面的比利吃完午餐後，從座位上站起來，他端著托盤，托盤上放著吃剩的飯菜。經過我旁邊時，他故意把剩菜倒在我的午餐上。

坐在我附近的學生轟然大笑。雖然只有幾個人看見比利的行為，但感覺就像餐廳裡的每個人都在笑我一樣。

我心中的怒火熊熊燃燒，忍耐已到達極限。我不想再被人叫「黑炭」，不想分組沒人選，不想受欺負，不想自己的東西被搶走。我再也忍受不下去了。

我猛然起身，拿起裝著橘子汽水的杯子轉身跟比利面對面，他正看著我捧腹大笑。我直視他的臉，然後把汽水從他頭上倒下去。

這次餐廳裡的每個人都笑了，而且被嘲笑的對象不是我。他們的目光都在比利身上，黏黏的橘子汽水從他的頭髮流到臉上和衣服上，模樣非常滑稽，但是我嚇得不敢笑。我擔心他會反擊。

比利怒目瞪著我，雙眼噴出的怒火簡直可以在我身上鑽出兩個洞。我沒有留在現場太久，因為我不敢面對他的反應。我拔腿狂奔，用最快的速度衝出餐廳，跑進女廁把自己鎖在廁所裡放聲大哭。我哭，是因為我知道我做了一件不符本性的事情。我最渴望的事就是跟大家打成一片，能被同學接受和喜歡。但是我無法改變自己的膚色或種族，這種感覺非常無助！

為什麼不管到哪裡，我都跟大家不一樣？哪裡才是屬於我的地方？為什麼我到哪裡都格格不入？我在小小的廁所裡縮著身子低聲啜泣，心中渴望能獲得解答。

幸好隨著我逐漸長大，進入青春期後，漸漸就不再受到霸凌。不過，當同學的生活愈來愈獨立自主的同時，我的父母反而愈來愈嚴格。他們尤其不准我晚上跟朋友出去玩，特別是有男生參與的活動。印度文化不許女孩跟男孩一起出去玩，所以我很少參加學校辦的夜間活動，週末也不能跟同學出去。

正因如此，我一直覺得自己好孤單。同學們開心笑鬧、討論週末晚上參加舞會的事，我只能一旁聽著。我用羨慕的眼神看著他們，暗自希望自己不是印度人該有多好。我只能把心思放在課業上，經常獨來獨往。絕大多數的時間，我把自己鎖在孤獨的世界裡，也幾乎沒有什麼要好的朋友。

我的父母盡全力持續灌輸我印度文化，還安排我認識其他印度人，但是我以反抗的態度回應他們。

十三歲的某個週六上午，我認真地告訴母親：「我不想去上吠陀哲學課。」吠陀哲學研究的是印度教經文，我每星期都要去上課，在課堂上認識了其他印度小朋友。

「這樣妳往後的人生會遇到更多困難，尤其是結婚後。妳必須了解印度教的規矩……」母親一邊幫我梳頭一邊說。

我心想：拜託，我已經夠像印度人的了！我想變得跟其他同學一樣！我大聲告訴她：「可是我想跟朋友一起出去玩，我說的是學校裡的朋友。他們都不用上吠陀哲學課！」

「妳爸爸跟我都希望妳去上，別再說了！」她說。

雖然我還不確定自己是否想要成為印度教徒，但是身為一個聽話的印度女兒，我還是順從了父母的心意。就這樣好多年，我跟班上的印度同學每週一次，一起深入了解印度教。我發現吠陀教義不僅有趣又具啟發性，我們的老師也很棒，總是鼓勵我們主動討論，而這正是我的強項。我是吠陀哲學班上的風雲人物，跟在學校的我判若兩人，我希望在學校也能跟同學們像這樣打成一片。這種感覺，就像過著兩種截然不同的人生。

我常在想：要是能讓學校裡的同學也像印度朋友一樣喜歡我，那該有多好。為什麼我的同學看不見印度朋友眼中的我呢？

隨著年紀漸長，我對印度教愈來愈感興趣。我喜歡研讀《薄伽梵歌》與《吠陀經》，了解其中的因果、宿命論與自由意志，以及其他類似的主題；我也很喜歡課堂上針對這些主題的討論與辯論。此外，我平日也祈禱跟打坐，因為這有助於理清思緒。我發現祈禱跟打坐真的有其道理，不過印度文化中依然存在著許多不合理的信條，壓制女性，不讓她們比男生強就是其一，還有任人擺布的媒妁婚姻。《吠陀經》裡，根本沒有這些規定。

儘管我經驗過這些截然不同的文化與宗教，但是它們依然無法解釋多年後即將發生在我身上的事情。當時的我還不知道我所擁有的信仰、想法與人生觀，即將被徹底顛覆。不過在那件事發生之前，成年的我早已在追求均衡人生的過程中，不斷挑戰印度的文化與傳統。

4 身為印度女子，我竟然逃婚了

接下來的幾年，基於印度傳統，我的父母一直積極為我安排婚事，常介紹朋友或熟人的兒子給我認識。尤其是父親，他不希望我高中畢業後繼續升學，因為擔心我離家念大學會變得更獨立。他認為念大學會讓我離聽話、柔順的家庭主婦愈來愈遠。印度人相信女人受的教育愈少、年紀愈輕，愈能在婚姻中扮演柔順的妻子，這才是人人欣羨的婚姻。

雖然父母都希望我能過得幸福快樂，但是在他們的觀念裡，我的幸福不只取決於婚姻，更重要的是要嫁給跟我來自相同文化背景的丈夫。可是，我的想法似乎跟他們背道而馳。

「爸爸，我真的很想上大學，我想學攝影跟平面設計！」我態度堅定。

「如果妳能在我們家附近找到合適的學校，我不會反對，總之妳不准離家念大學！」父親答道。

「可是，你知道這裡沒有英語授課的高學府！如果想升學，我非得離家不可！」我向他解釋。

「想都別想！妳很清楚女人結婚前是不准離家的。」他堅決反對。

但此時的我已是成年人了，有強硬的自我觀點與看法，而且我的教育背景也讓我的看法較為西化。於是，我問父親：「為什麼要用不同的規範要求女人跟男人呢？」

「這不是規範，這是道理！妳應該以維護自己的文化價值觀為榮。」父親說。我的反抗讓他開始有些惱怒了。

我有許多尚未實現的夢想，但此時我愈來愈擔心永無實現之日。我想到世界各地闖一闖，也許是以旅遊攝影師的身分。我想去歐洲當背包客，親眼看看巴黎的艾菲爾鐵塔，也想走進埃及的金字塔體驗一下。我想感受南美馬丘比丘的能量，去西班牙吃海鮮燉飯，去摩洛哥大啖陶鍋燉肉。

有那麼多我想做、想看、想體驗的事情，如果我接受了媒妁之言的婚姻，這些夢想永遠沒機會實現。可是當時我兩個最要好的閨中好友，都在媒妁之言的安排下，高中一畢業就訂了婚，這對我的立場相當不利。

為了避免麻煩或再跟父親起衝突，我只好報名了附近的攝影課程。於此同時，我也迎合父母的要求，在他們安排的相親場合中扮演端莊的新娘人選。

我還記得有一次，父母要我穿上最好的傳統服飾，陪我去跟一位新郎倌候選人碰面。我穿著深粉紅色的真絲上衣，寬領口上滾了一圈精美的刺繡。一條細緻的粉彩蕾絲披巾垂墜在我的頭上與肩上，跟上衣領口有相同的刺繡滾邊，披巾的目的是要讓我更顯得含蓄嬌羞。下半身搭配的是一條粉藍色的絲質長褲，以及一雙淺粉色的低跟包頭鞋。

我清楚記得坐在車上時，我在心中提醒自己相親時絕對不能提及的話題。我告訴自己千萬不能說溜嘴，不能跟對方說和傳統印度服飾比起來，我更愛穿牛仔褲、球鞋或登山靴，也絕對不能承認我長大後就很少每週上印度廟參加祈禱會，只有偶爾參加慶典活動。還有，我也不能談到我的嗜好與興趣——聽混搭風的音樂（eclectic music）、熱愛藝術、天文學、觀察星星、親近大自然。我決定對自己未來的夢想隻字不提，例如：騎單車橫越非洲、當背包客暢遊歐洲、造訪埃及、參與社會活動，在發展中國家建立能夠自給自足的環保地球村，或是為改善亞洲貧窮國家人民的生活環境略盡綿薄。

不行，我告訴自己，這些事情絕對不能說。

我一再提醒自己，不要忘了在可能成為我婆婆的人面前提到，我最近學會擀印度薄餅的完美技巧。這是一種未經發酵的麵餅，也是多數印度家庭的主食，需要高超的技巧才能把麵餅擀成完美的圓形。我知道這事會讓對方的家人非常滿意。

我真的以為自己想得很周延。我相信這次沒有漏掉任何細節，絕對不可能出錯。結果我還是沒有做足功課。這次相親的餐廳是一間漂亮的殖民時期俱樂部，位於舊山頂道的山腰上。侍者過來為大家點菜時，我點了鮪魚三明治，完全沒有注意到相親對象和他的家人都吃素。我甚至沒發現，他們點了乳酪小黃瓜三明治、乳酪洋蔥派和其他素食菜餚。

我還沒把「請給我一份鮪魚三明治」說完，男方母親的兩道嚴厲目光就向我射了過來，彷彿要射穿我的心臟。緊接著，其他家人也盯著我看。我當場成為視線焦點，卻只能僵坐在原地，偷偷希望找個地洞鑽進去。

犯下這種錯誤實在蠢斃了！**我怎麼可能沒有發現，甚至沒有考慮到他們可能吃素？**我不斷責罵自己。畢竟吃素的印度人不在少數。

不用說，那次相親當然以失敗收場，雙方只見了那一次面。

不過，相親多回，總算有一次讓我成功地訂了婚。我和相親對象只見了兩次面，就必須在下次見面之前決定是否訂婚。

在決定是否進一步交往之前，我們不准見面。他又高又帥，又會說話，我完全被他吸引了，也感覺到他也喜歡我。我們都想更加了解對方，因此我們同意訂婚，雙方家長都很開心。訂婚的宗教儀式在那納克宗師廟舉行，在雙方親友的見證下獲得馬哈拉吉的祝福。這場儀式叫指環儀式（misri），可大致翻譯為訂婚儀式。

我們的指環儀式在下午舉行，晚上則在一家知名的印度餐廳舉辦晚宴。宴席上有美酒佳餚與音樂，我們第一次共舞。當時我感到無比幸福，覺得自己終於做了正確的決定，也終於能夠被大家所接受了。我相信自己將會永遠幸福快樂下去。

遺憾的是，在接下來的幾個月裡，隨著大喜之日逐漸逼近，我開始驚覺到自己永遠不可能成為未婚夫心目中的好妻子，或婆家心目中的好媳婦，因為我無法適應傳統的生活模式。為什麼我沒能在訂婚前就發現這事呢？我早該知道媒妁之言的婚姻，對妻子會有哪些期待。然而現在大勢已定，至少就雙方家長的角度而言，解除婚約似乎絕無可能。

訂婚之後，我一直希望自己能為未婚夫與婆家改變自己，努力成為能使他們引以為傲的妻子與媳婦。遺憾的是，我一直讓他們失望，無法讓他們滿意。我努力取悅他們，卻發現自己難以專心完成妻子的傳統責任，因為我的個性外放，渴望追求屬於自己的夢想。

這段期間我對自己同樣失望。我不斷問自己，**為什麼結個婚會如此困難？**

我到底哪裡有毛病？別人都能輕鬆地走入婚姻，隨時都有人訂婚結婚，包括我所有的朋友，為什麼我會這麼抗拒呢？我覺得自己非常失敗。

最後，我終於承認自己永遠無法成為別人心目中的好太太。我決定承認失敗，因為我再也撐不下去了。

我好害怕，不敢告訴任何人，也不敢面對別人聽到後的反應。我害怕結婚，也害怕解除婚約。

在我內心深處，我知道自己永遠無法達到未來夫家的期望。我到目前為止的形象，包括服裝打扮、言行舉止，都是在演戲；而我可能必須花一輩子努力變成另一個人，卻永遠達不到別人的要求。我也將永無機會實現夢想、希望與心願。

訂婚之後，我一直不敢告訴父母自己真實的感受，還有掙扎，因為我不希望給他們添麻煩。我把一切藏在心裡，強顏歡笑，露出開心的樣子，舉手投足都像一個快樂的妙齡待嫁女子。我沒有向任何人透露內心的感受，因為我不希望自己的痛苦與恐懼，成為他人的負擔。

但是，忍耐的臨界點還是來了。在婚禮即將到來的某天晚上，我跑去找母親，一開口就痛哭失聲。

「媽媽，對不起！」我哭著說：「我做不到！真的做不到！」

令我驚訝的是，媽媽抱住我說：「別哭，寶貝。把煩惱全都告訴媽媽。」

「媽媽，我還沒準備好！我有好多夢想，我想環遊世界，嘗試不一樣的事情，我無法接受自己將永遠失去實現夢想的自由！」

我抽抽噎噎地把一切都告訴母親。我告訴她我的想法與恐懼，還有我的夢想、希望與渴望。

母親緊緊抱住我，她說她不會強迫我做任何我不願意的事情。她甚至向我道歉，因為她沒有早點發現我的恐懼，也因為她，害我經歷了這麼多不愉快，但至少一切還不算太晚。她說她必須先跟父親商量，但是她叫我不要害怕，她一定會支持我的決定。

我感到前所未有的輕鬆。

然後，我把跟母親說的事也告訴了阿努。他的第一個反應竟然是：「別擔心，老妹，我挺妳。妳應該早點把自己的感受說出來，就不用自己一個人獨自掙扎了。」

「但是，我不知道訂婚後還有選擇的餘地。」我記得自己邊哭邊說。

然而，除了我的家人，其他親友對悔婚一事都深感不悅。

我的悔婚讓親戚、家族友人、男方親友與地方人士都感到沮喪、憤怒又失望。他們紛紛來找我，想勸我如期完婚。他們說婚前會有這些情緒很正常，但是婚後一切都會很順利，我無論如何都應該結婚。他們說一旦我悔婚，以後絕對不會再有印度人敢娶我。我的名聲會毀於一旦，沒有任何一個家庭敢讓兒子靠近我。

他們說我的理想不切實際，對女人來說尤其如此。我的期望過高，會讓我永遠找不到合適的對象。降低期望，當個順從的妻子與媳婦才會有幸福的人生。

因為我的決定而傷害大家，我深感抱歉。

聽到別人對我的評論，我一方面對自己的決定感到內疚，一方面也對未來感到害怕。他們說我是個被慣壞的女孩，父母沒有好好教導我；他們還說一個女人竟然敢悔婚，根本就是目中無人。我既難過又傷心。我不想再跟其他印度人打交道。我對自己所做的事深感後悔，我不該訂婚，不該悔婚，不該傷害未婚夫和他的家人，不該傷害我的家人，不該這麼不聽話，不該這麼不像印度人。事實上，我對自己的一切都感到抱歉。

為什麼我總是在道歉？為什麼我要因為忠於自己的想法而說對不起？我實在不明白自己到底哪裡有問題。

我受不了自己要不停解釋，也拙於應付這些人。所以在舉行婚禮的幾天前（所有的費用都已付清，所有的細節都已安排妥當，滿滿的禮物堆成一座山，親友從世界各地陸續抵達時），我逃走了。

我踏上漫長的旅程，去印度與英國找幾個老朋友。我只想消失，逃離香港的印度人圈子，直到一切紛擾平息為止，我想好好處理自己的情緒。我必須把事情想清楚。我知道接下來的人生，一定不輕鬆。

5 遇見真愛，這才是我的靈魂伴侶

重返香港後，我無法融入印度人的圈子，自然也不想再跟他們有所牽扯。所以我把注意力全放在工作上，希望能為自己爭取獨立的機會。

「我找到工作了！」有一天我衝進家門，興奮大叫。當時父親正坐在他最喜歡的扶手椅上看晚間新聞。

我的朋友告訴我，她工作的地方有個職缺，她認為那份工作非常適合我。她在一家銷售法國時尚配件的公司任職，產品行銷至亞洲各地。我的工作內容包括協助業務經理推廣產品與處理批發訂單，有機會去鄰近的亞洲城市出差。我對行銷與批發沒有興趣，但是出差與獨立的生活使我大感興奮。

「太好了，寶貝！我就知道妳辦得到！」父親轉身看我，流露出驕傲的神色。「快跟我說說這份工作，什麼時候要開始上班？妳的上司是誰？職務又是什麼？」

「下個月一號開始上班。我太興奮了！我的上司是亞洲區出口經理。這份工作有很好的發展空間，如果我能向老闆證明我的實力，協助他超越業務目標，他們就會把一些地區交給我獨力負責。」

「這是什麼意思？」父親看起來似乎沒那麼興奮了。

「意思就是說，我非常有機會造訪亞洲各地！」

「寶貝，雖然我非常以妳為榮，」父親說：「但我希望妳記住，工作只是在妳嫁人前用來消磨時間的。我不希望妳過度投入工作，最後嫁不出去！妳母親跟我還是希望能幫妳找個好老公。」

「喔，爸爸，不要那麼掃興嘛！我真的很高興能找到這份工作！」

「是的，我知道。」他說：「反正誰也說不準，時下有些丈夫不是也不介意妻子出去工作的嗎？我只是不希望妳未來的丈夫不准妳工作和出差時，妳會感到失望。但是妳說得對，現在先別想那麼遠。今天就好好慶祝吧！」

「媽媽去哪兒了？我想把好消息告訴她。我要帶你們出去吃晚餐，我請客！」我一邊走出客廳一邊打電話給阿努，想要跟他分享好消息。

一切終於否極泰來了。我終於能往經濟與社會獨立之路邁出一步了。

接下來幾年，雖然我的父母依然不放棄幫我安排相親，但是他們終於明白這是一場打不贏的仗。

他們的努力讓我有些難堪，因為他們還沒發現在封閉的印度文化中，我已經被貼上怪胎的標籤，加上悔婚事件更讓我惡名遠播了。我知道在印度人眼中，我強勢、叛逆、理想主義，既頑固又堅持己見，這些特質都不適用在女人身上。儘管如此，父母還是沒有放棄希望，他們以為只要介紹對的人給我認識，我就會改變自己，變得順從聽話。

於此同時，我在法國公司的事業開始有了進展，必須到鄰近的亞洲城市出差。在香港時，我必須跟父母同住，只有出差能為我帶來一定程度的自由與獨立，我既開心又感恩；出差也讓我有機會認識到各行各業的朋友。我慢慢地感到人生充滿了希望。

事實上，離開了封閉的印度人圈子，我感到自由又快樂，覺得自己既受歡迎又成功。我滿意這樣的生活，喜歡我的工作，喜歡出差，也喜歡工作上認識的人。傳統印度家庭主婦的角色對我毫無吸引力，也是我最不想做的事情。我實在看不出，放棄現在的生活對我有什麼好處，所以我一直勸父母打消為我尋找完美對象的念頭。

但是，在我內心深處老是覺得有什麼地方不太對勁。我老覺得自己表現不如大家的期望，讓大家失望。這細碎的聲音如影隨形，一直讓我覺得自己不夠好。或許，我是個瑕疵品……

一九九二年底的某一天，我偶遇了後來的另一半，不過當時我並不覺得他就是最適合我的人。那天晚上，因為一位共同的朋友，我們相識了。

「妳認識丹尼．穆札尼嗎？」奈娜打給我的時候，我正坐在公司的辦公桌前製作每週的銷售報表，期限是週末。奈娜是我的朋友，她不住在香港，但當時剛好人在香港，我們約好那天晚上下班後出去喝一杯。

「我不認識他。」我答道：「為什麼這麼問？他是誰？」

「是我去年夏天在紐約認識的男生，是個英俊的信德族帥哥。他好像也在香港工作，我很驚訝妳竟然不認識他。」她答道。

「妳也知道我對香港的印度人退避三舍，尤其是發生『那件事』之後！香港有很多我不認識的信德族人，所以這沒什麼好驚訝的。」我淡然答道。

「妳就快認識他了。」她說：「我聯絡上他，還邀請他今晚跟我們一起去喝一杯。」

那天晚上奈娜跟我走進市中心時髦的九七酒吧時，我立刻認出她口中所說的那個信德族帥哥，雖然我跟他素未謀面。他神態自若地站在酒吧裡，穿著紫紅色高領毛衣和黑色長褲。

我們走進酒吧大門時，他轉頭望向我們。他忙著跟奈娜打招呼，但是當我們走向他時，我發現他的目光跟隨著我的一舉一動，直到我們走到桌邊坐下。奈娜跟他打招呼時，他的目光依然沒有從我的身上移開。我們四目交接，雙方都有一種似曾相識的感受。我們好像已經相識了一輩子，這種感覺非常強烈。我確定他也跟我有一樣的感覺，接著我們開始聊天。

我們在許多方面心靈相契，那天晚上道別之前，我們交換了電話號碼。我隔天就接到他打來的電話，這讓我相當興奮，我們約好一起吃晚餐。他非常浪漫，不但送我花，還帶我去一間叫占美廚房的可愛餐廳。占美廚房，現在依然是我們最愛的餐廳之一。

接下來幾個星期，我們聯絡得愈來愈頻繁，但是我對自己的直覺沒有信心，開始有了逃避的念頭。跟他在一起的感覺強烈又刺激，我已經很久沒有這種感覺了，這把我嚇壞了，而他的信德族身分也讓我猶疑不決。我不想跟印度人談戀愛，至少不是現在……也許永遠都不想。

我知道印度人的婚姻，意味著兩個家族的結合。結婚不只是兩個人的事，而是兩個家族。我不想再談一次會讓自己後悔的戀愛。我想嫁的人是他，不是他所有的親朋好友，但是我太了解印度文化了，所以我很害怕。

我擔心他的家人對我的評價，同樣的事情會不會重演？他的家人知道我曾經悔婚嗎？如果他們知道，會不會反對我們在一起？我又怎麼知道，他會不會像多數印度男人一樣，也期待我當個傳統的印度妻子。我不想再受傷，也不想再傷害別人了。

但是丹尼很有耐心，他給我時間慢慢思考調適，我很感激他。我無法抗拒他的魅力，他愛我的方式更是我從未體驗過的。理性與感性在我的大腦裡天人交戰，最後我順從了我的心。

隨著對彼此的了解日漸加深，我開始發現丹尼跟我很像。他也不認同印度文化，他同樣在香港生長，念的也是英國學校。他排斥許多印度習俗，尤其是傳統對女性與婚姻的觀念。他毫不吝於表達對我的感情，給我一份真誠無條件的愛。這次我不用裝模作樣取悅對方，而他也沒有結婚的時間表，第一次，我談戀愛可以如此輕鬆自在。

丹尼很有幽默感，這一點非常吸引我。他很愛笑，而且笑聲充滿感染力，讓我們的約會都好開心。他每次打電話的時機都恰到好處，而且總是知道什麼時候該說什麼話。他雖然溫柔，但是態度堅定又有說服力，我喜歡這樣的他。

不過，我依然擔心他遲早會發現我有很多缺點，怕他很快就會感到失望。事實證明是我多慮了。丹尼對我的感情非常堅定，他會打電話關心我的心情，在特別的日子送我花跟禮物。不同於其他的印度男人，他喜歡我獨立自主的個性，我的興趣、夢想與渴望都沒有嚇到他，對於我拒絕父母安排相親，他也很欣賞。他覺得我的個性很可愛，他愛的是真實的我，這是我第一次有受到認可的感覺，我既驚訝又開心。

丹尼大學念的是商學院。依照印度人的傳統，身為獨子與唯一的繼承人，他必須加入父親所經營的家族事業。

當時我的工作必須偶爾到國外出差。由於丹尼也經常出差，有時我會在不同的國外城市看見他的笑臉，因為他會特地安排行程，跟我去一樣的國家。

有一天晚上，我們在深水灣散步，這裡是我最喜歡的港島沙灘，我若無其事地問丹尼知不知道我曾經訂過婚，有沒有聽過其他印度人對我的議論。我們從來沒有提過這件事，所以我非常難以啟齒。如果他還沒聽說，我不知道他會怎麼想。

「我知道啊。」他回答：「在我們剛認識的時候，我就知道了。多虧了印度人的八卦天性，我相信我聽到的版本經過加油添醋之後，應該比真實版本精彩十倍！」

「你知道以後，對我有什麼看法？」我有點不敢聽他的回答。

「妳確定自己承受得了真相？」他的嘴角泛起一絲微笑。

「對，請給我最真實的答案，我承受得住。」我已做好心理準備。

「我聽說了那件事後，第一個想法就是——**太好了！我想娶的就是這種有主見的女人！**」

我頓時鬆了一口氣，臉上不自覺露出燦爛的笑容。我告訴他：「我猜你的意思是說，你不是因為我做得一手好印度薄餅才喜歡上我的，對吧？」

「妳太小看我了，小女孩！我本身就是做印度薄餅的高手，而且還不只這樣！我還會修理窗戶、洗廁所跟洗衣服！」

聽了他的回答，我的微笑變成哈哈大笑。我們跌坐在沙灘上笑到眼淚直流，因為每件事都令我們開心無比，卻又好像沒有什麼特別的原因。

隨著笑聲漸歇，他爬起身，雙膝跪下，我則是坐在沙灘上。我們深情對望，他把我的雙手握在手中說：「艾妮塔，從我們相遇的那天開始，我就一直很想問妳一件事。妳願不願意嫁給我？」

就在那一刻，我確定他就是我的真命天子。我找到我的靈魂伴侶了！

一九九五年三月十七日，正好是丹尼向我求婚滿兩個月，噩耗悄然降臨。

電話響起時，我轉身看了時鐘一眼。

怎麼回事？我狐疑地拿起話筒，**現在是凌晨五點十五分**。我還沒接起電話，就已經猜到這不會是好消息。

「寶貝，是妳嗎？」我還沒回話，就聽見電話中母親哭泣的聲音。

「是我，怎麼了？」恐懼流過我的全身，我甚至聽見自己的聲音在發抖。我的心跳漏了幾拍，不敢繼續聽話筒裡即將傳來的消息，但是另一個我，又急著知道答案，不想這樣懸著一顆心。

「是爸爸。」媽媽哭著說：「他今天早上沒有醒過來，他在睡夢中走了。」

幾個月前父親的健康開始惡化，媽媽陪著他前往印度接受阿育吠陀療法（ayurvedic treatments）等另類治療。我以為他可以健康地回來參加我的婚禮，我們可以在婚禮的慶祝活動上跳印度傳統的邦格拉舞（bhangra）。我無法相信這是真的。我慌亂地邊哭邊收拾行李，把東西統統丟進行李箱。哥哥安排我們搭下一班飛機趕赴印度普納（Pune），距離孟買大約四小時車程。

印度之行、喪禮，以及家人一起哀悼，這一切來得那麼突然，宛如一團模糊的記憶。但是，我永遠不會忘記我們到印卓亞尼河（Indrayani River）的那一天，這條河流經位於普納東方的聖城亞蘭迪（Alandi）。

父親的骨灰裝在美麗的搪瓷罐裡，當馬哈拉吉挑選的吉時一到，我們登上俯瞰著遼闊河面的岩石。哥哥打開骨灰罐的蓋子，慢慢傾斜罐身，讓微風把父親的骨灰吹送到河面上。我們靜靜看著河水帶走骨灰，滾燙的淚水沿著臉頰滑下。我們怎麼捨得跟如此美好的人道別？

爸爸，親愛的爸爸！如果我曾為你帶來任何痛苦，我深感抱歉。我雙手合十，站在河岸輕聲地告訴父親。

我就要結婚了，而你將看不到我在婚禮上繞行火焰祭壇。從我出生開始，你就一直期待著我的大喜之日。你怎麼可以現在離開？我看著父親的骨灰慢慢沉入水裡，淚流滿面。

接下來的幾個月苦樂參半，家人和我尚未走出父親過世的哀傷，就必須準備即將到來的婚禮。我感覺得到這場婚禮成了母親的避風港，原本可能愁雲慘霧的艱難時刻似乎露出一線光明，專心籌備婚禮使她暫時忘記了喪夫之痛。

我們都很思念父親，也很難過他無法出席自己如此重視的時刻。看著我出嫁，一直是他重要的人生任務。我安慰自己，告訴自己至少他參加了我的訂婚典禮，也為我感到高興。所以他過世時，已無需再煩惱我的終身大事。

我們和丹尼的父母一起去找馬哈拉吉選個結婚吉日，我們請他盡量挑選靠近年底的日子，因為我的家人仍在哀悼父親的辭世，無法以歡樂的心情慶祝婚禮。馬哈拉吉參考了聖曆和我們兩人的生辰，最後把婚禮定在一九九五年十二月六日。

婚期看似還很久，不過接下來幾個月卻夠我們忙的了，要預定場地、訂製婚禮紗麗、設計喜帖，還要處理籌辦一場印度婚禮的大小事項。

母親全心全意幫我籌畫婚禮，讓她暫時拋開了悲傷。她驕傲地為我挑選婚禮紗麗，以及所有相關場合要穿的正式服裝。她幫我的婚禮挑選了一件美麗的青銅色蕾絲紗麗，公證結婚那天則是穿一件輕盈的金蔥白色紗麗。

一九九五年十二月六日，我與靈魂伴侶丹尼共結連理，精心籌辦的印度婚禮慶祝了整整一個星期！親朋好友從世界各地飛抵香港，參加結婚典禮與慶祝活動，高潮是在港島南端的香港鄉村俱樂部草地上舉辦婚宴，那天晚上滿空星斗，婚宴場地正好俯瞰我最喜歡的深水灣海灘。

在婚禮前幾個月某一天，當我們討論要在哪裡辦婚宴時，我半開玩笑地說：「要是能在你向我求婚的沙灘上結婚，那就太棒了！」

我們考慮了幾分鐘後，很快就放棄了這個主意，因為我想到女賓們的鞋跟陷進沙灘裡的窘境。然後我記起深水灣沙灘的盡頭有高聳的岩石，上面正好是香港鄉村俱樂部的所在地，俱樂部前面的草地正好俯瞰丹尼向我求婚的沙灘。

那是一個美好的夜晚，涼風習習，嗩吶樂音在晚風中輕輕飄送。馬哈拉吉用梵語吟誦婚禮誓言，在吟誦中，丹尼牽著我的手繞火壇走了七圈，完成結婚的盟約。丹尼戴著頭巾，穿著高領長袍（shervani），像個高貴的英俊王子站在我的身旁。我穿著母親為我挑選的青銅色蕾絲紗麗，長長的裙襬披掛過我的頭上，我的頭髮跟茉莉花一起編成了辮子，手指甲和腳趾甲則按照印度新娘的傳統，用指甲花染劑彩繪出精緻的渦紋花案。

繞行火壇時，我一直望著家人的臉，我知道母親和哥哥都很難過父親無法見證我的婚禮，他們一定很希望父親也能分享這個特別的夜晚。

儀式完成後，接著是盛大的慶祝活動，賓客開懷地吃喝、跳舞。慶祝活動結束後，丹尼跟我在飯店度過新婚之夜。一天下來我累壞了，但又很興奮。我確定他就是我的終身伴侶，從此以後，我們會幸福快樂地生活在一起。

6 如果就這樣結束，人生有何意義？

結婚後，丹尼跟我一起打造屬於兩人的生活。他離開家族企業，跑去一家跨國公司負責行銷業務。我們也從他位於市中心的單身漢狗窩，搬進香港寧靜郊區的一間可愛公寓。我們領養了一隻狗，給牠取名叫科斯莫。

婚後不久，我哥哥決定離開香港去印度創業，當時香港經濟嚴重不景氣，而他窺見了印度的商機。他帶著妻子夢娜以及還在蹣跚學步的兒子尚恩一起搬回印度，不久後母親也去印度跟他們同住。我非常想念他們，這是我第一次跟家人分住在不同的國家。

更糟糕的是，因為經濟不景氣，銷售額大幅下滑，我被法國公司解雇。突然失業令我相當沮喪，家人離開香港之後的焦慮與孤單更顯強烈。

那段時間來自同輩友人的壓力也讓我苦不堪言，大家都希望我們趕緊生孩子，當時的我對工作、旅遊、探索世界還比較有興趣。

最後，我找到一份不用到辦公室上班的工作，這家公司專門為剛剛派遣到香港的外國人提供安置服務，讓他們能早點適應香港的生活。不用全天候上班，這樣的工作性質正好適合喜歡自由自在的我。

依照印度傳統，婚後就是要生小孩，但我還沒準備好當母親。我經常在別人的期待與自己的渴望之間進退兩難，有時甚至會覺得自己不應跟朋友做不一樣的事情，尤其是拖延生孩子。

印度朋友不斷提醒我，女人的生理時鐘分秒流逝，更加深我心中原本就存在的恐懼——就像以往一樣，一開始的焦慮來自身為女人不該造成這麼多麻煩，而最大的錯誤則是我往往會跟大家意見相左。我記得當時我的想法是：**如果真的想要孩子，隨時都可領養一個！世界上有那麼多沒人要的孩子，他們都想要一個家。而且這樣一來，我也不用煩惱生理時鐘這檔事了！**

丹尼跟我認真討論過這件事，我們都認為領養是相當合理的做法，同時也能消除生理時鐘的壓力，不用當身體的奴隸。可是當我把這個想法告訴印度朋友時，卻沒有一個人有正面回應。我最常聽見的回答是：「妳不能生孩子嗎？喔，那真是遺憾。」

我發現小時候那種無法「符合標準」的恐懼再次浮現，但是，我的注意力很快就被轉移了。

二○○一年夏天，我最好的朋友索妮罹患了癌症，聽到這個消息讓我大為震驚。有天她突然呼吸困難，就去做了健康檢查，才發現胸腔長了一顆大腫瘤壓迫到肺部。我不相信這種事會發生在她身上，她還年輕，一直以來是那麼健康又充滿活力，她的未來應該充滿希望才對。醫生要她立刻住院動手術，然後接受化療。

索妮被診斷罹癌的幾個月後，我們又聽說丹尼的妹夫罹患了另一種更凶猛的癌症。這個消息加深了我的恐懼，因為這兩個人的年紀都跟我差不多。我開始研究起癌症，還有致癌的原因。一開始的，單純只是為了幫索妮一起對抗癌症。然而癌症的相關資料看得愈多，就愈疑神疑鬼，我開始對任何可能致癌的東西敬而遠之——殺蟲劑、微波爐、防腐劑、基因改良食物、紫外線、空氣污染、塑膠容器、手機等等。

生命如此脆弱，讓我深感恐懼。

二〇〇二年四月二十六日，是丹尼和我永難忘懷的日子。我們踩著遲疑的腳步走進診間，宛如踏入死亡的殿堂。恐懼悄悄占據心頭，警告我們人生的每個角落都蟄伏著不留情的打擊。星期五傍晚，原本是與親朋好友迎接週末的最後一個工作天。

我們在下班的人潮裡穿梭，每個人似乎都準備歡慶週末前的這段歡樂時光——除了我們之外。橘紅色的夕陽發出耀眼光芒，反射在香港摩天大樓的玻璃帷幕上，落日在海港另一端緩緩下降，但我們卻視而不見。今天我們要去找醫生，聽他宣布我的檢查結果。

幾天前，我發現右肩有顆腫塊，位置在鎖骨上方。當時我不願相信這是腫瘤，堅信只不過是一顆囊腫或大瘡。但是我心中有另一個悲觀的聲音，宛如死亡的預言者，不斷告訴我這個腫塊並不單純。

這幾個月來，我經常淚眼汪汪地去探視好友索妮，她去年診斷出罹癌，現在正躺在醫院裡性命垂危。我既害怕又傷心，看著疾病一吋一吋吞噬她的身體。癌症像一頭拒絕被馴服的野獸，連最先進的醫學也束手無策。我無法想像同樣的慘劇發生在我身上。但是脖子上的腫塊逼我正視這個可能性，於是我去做了檢查。切片後，今天要去看檢查報告。

醫生宣布結果時，態度溫柔又親切：「這是淋巴瘤，是淋巴系統的一種癌症。」「癌症」兩個字一出口，我就再也聽不清楚他後來說什麼了，他的聲音模糊地像是從水裡傳出來一樣。我的眼神呆滯，傻傻望著診間的窗外。窗外的景象一如往常——夕陽繼續西下，慢慢沉入海港；摩天大樓閃耀著柔和的橘色與琥珀色光芒；人們踩著匆忙的腳步，前往充滿笑聲與喜悅的地方。被宣判罹癌，我的世界隨即變色了。

醫生仔細說明各種治療選擇。他向我保證：「無論妳如何決定，或是選擇哪種療法，我都會支持妳到底。但我要先安排妳下週一早上做個掃描，判定癌症的『階段』，也就是確定是哪一期癌症。做完掃描後再來找我，我們一起討論結果。」

他的聲音在我的大腦裡轟隆作響，我對他的建議充耳不聞，幾乎沒聽見他叫我們放輕鬆，好好享受週末。

恐懼與理智猛烈碰撞。丹尼跟我都失去了思考能力，我們拒絕思考。我們不願去想癌症、療法、死亡！我想重拾正常的世界，逃得遠遠的。我無法考慮（也沒有能力考慮）要選擇哪一種療法。光是想就夠讓我害怕了，我的大腦一團亂。幸好醫生說星期一早上再做決定，我已經安排了核磁共振，做完掃描再跟他討論下一步的治療。

我的心思飄到了很遠的地方，心中也充滿了疑問，但還是順從丹尼的提議，兩人出去約會，把一切暫時拋到腦後。我們一回到家，我就換上我最喜歡的珊瑚紅洋裝，把自己打扮得漂漂亮亮，丹尼把我攬進懷裡：「別怕，我們會一起撐過去的。」

那天晚上我們逃得遠遠的……至少得到了短暫的平靜。

我們在席德餐廳的星空下吃飯，這是我最喜歡的戶外餐廳，就在香港島南端的赤柱灣海岸。圓圓的月亮放著光芒，溫柔的海風拂過臉頰。海浪輕輕拍打岸邊，與逐桌表演的墨西哥樂團演奏聲互相呼應。為了這個美好的夜晚，我們給樂團小費，讓他們在我們桌邊停留一段時間，唱我最喜歡的歌曲。我們暢飲桑格利亞甜酒，聽著樂手們盡情演奏，這一刻的我們完全忘了外面的世界。

隔天早上，我在丹尼的臂彎中醒來。能窩在他的身邊忘卻世事，是最幸福的一件事。真希望去看醫生只是一場噩夢，無奈現實又一頭撞進我的腦海中。我得了癌症，這是千真萬確的事實。我怎麼可能逃離自己的身體？

心智惡作劇的能力超乎我的想像。整個星期六從早上到下午，我都不想告訴別人診斷結果。只要沒人發現，我就不用處理這個問題。我可以躲進心智這個避風港裡。

「妳知道，我們必須告訴家人。」丹尼理性地說。

「我知道，但是他們一定會大驚小怪。在告訴別人之前，讓我享受最後一天的平靜和獨處，好嗎？」我討價還價。

不過那天下午母親就來了電話，問我為什麼沒有告訴她切片檢查的結果。

丹尼把實情告訴她，她立刻就定了機票飛來香港。哥哥打了電話過來，說他也正在安排行程要來陪我。

我不希望他們把這件事看得這麼嚴重，不要如此大陣仗地陪我。這樣只會讓噩夢成真！他們的關愛把冷酷的現實硬推到我眼前，我再也甩不掉罹癌的事實了。

星期一早上，丹尼跟我再次回到醫院，直言不諱地跟醫生討論各種療法。我剛做完核磁共振，醫生看掃描結果的表情帶著一絲擔心。

「是二A期。」他柔聲說道。

「什麼意思？」丹尼問。

「這代表癌細胞已經擴散到胸部與腋下，但範圍僅限於上半身。」醫生耐心地說明。「我們一起討論過有哪些適合的療法，我建議妳做化學治療搭配放射治療。」

「我不做化療！」我斷然拒絕。

「親愛的，我們幾乎別無選擇了。」丹尼顯然很驚訝，但是我回以堅定的眼神。

「你看索妮做化療後成了什麼樣子，還有你的妹夫不也一樣？」我答道。我不想繼續討論下去，我只希望可以回到過去。我用雙手摀住臉，想把這些念頭統統推開。

「你真的希望我那樣死去嗎？」我聽見自己聲音裡的恐懼。「他們日漸消瘦，活得那麼痛苦。我寧願立刻死去，也不要變成那個樣子。」

「我知道。」丹尼說。我的手虛軟地擱在醫生的桌上，丹尼伸出溫暖的手握住我冰冷的手。「但是我不想失去妳。我們還有別的選擇嗎？」

我們結婚六年了，還有那麼多夢想要實現，還有那麼多地方想要去，還有那麼多事情想完成。但是就像崩落的北極冰河一樣，我們的夢想似乎也在眼前一一瓦解了。

為了讓自己擺脫恐懼，我試著安撫他：「一定還有其他辦法。」我轉頭看著醫生，希望他能支持我的看法。「我相信除了化療，一定還有別的方法能治療癌症。」

從那天開始，丹尼陪我踏上一條漫長的旅程。我們奮力向前邁進，宛如古代神話中的英雄人物，下定決心要打敗漸漸主宰我們人生的疾病怪獸。從一開始，這趟旅程就充滿高低起伏的情緒，從希望到失望，然後是恐懼，最後是憤怒。

在診斷出爐之前，我生命中最大的恐懼就是癌症。癌症的發生率比人們想像得更加頻繁。就在我親眼目睹癌症吞噬好友及丹尼的妹夫時，醫生宣告我也得了癌症，這更證實了我的觀察結果。我眼睜睜看著化療摧毀他應該療癒的身體；而現在，化療也開始要入侵我們的生活，掠奪我們的世界，蹂躪它經過的每一個地方。

想到這些生病的親友，總是令我憤怒又難過。我害怕癌症，就像有人朝我的肚子狠狠揍上一拳一樣，讓我強烈地想吐。化療更讓我恐懼。出於自我保護與求生本能，我身上的每條肌肉都處在緊繃狀態。

醫生宣告我罹癌之前的幾個月，我目睹索妮的健康迅速惡化。那段期間，想到她正在醫院受罪，只要我出去玩都會有罪惡感。在她如此難受的時候，我似乎不該玩得這麼開心。隨著她的健康每況愈下，我愈來愈沒辦法享受人生，也擺脫不了罪惡感。

現在連我自己都要對抗癌症，我更是無法眼睜睜看著好友的病情加劇，所以我現在很少去陪她。面對索妮，甚至面對自己時，我已經無法保持樂觀的心態。我認為就算跟以前一樣經常見面，對我們兩個也不會有任何幫助。我不敢看癌症摧殘她的身體，也不敢看治療的結果。我很怕同樣的命運會發生在自己身上，對此我毫無招架之力。

有一天，索妮的姊姊打電話告訴我，說她的奮戰已經結束了。我崩潰大哭。她終於還是離我們而去。

悲傷淹沒了我，她的逝去令我痛苦萬分，但是我同時又感到一絲絲寬心，高興她終於不用再受苦了。

索妮的喪禮情景刻印在我的記憶中，永遠難以抹滅。我清楚地記得那對痛失愛女的父母臉上的哀戚，兄妹失去手足的悲慟，承受喪妻之痛的丈夫是如此悲傷又無助；年幼的孩子看著母親棺木送去火葬時，天真的臉上寫滿了恐懼。這些記憶一輩子都會跟著我。就在那一天，身陷癌症困境的我除了原本高低起伏的情緒之外，也開始感到憤怒。

噩耗接踵而來，索妮的葬禮才剛過沒多久，我們就接到電話，丹尼妹夫同樣抗癌失敗了。他也留下年輕的配偶（丹尼的妹妹），以及兩名年幼的子女。

我們稱之為「人生」的殘酷玩笑，讓我深感憤怒。我不知道人生到底所為何來。我們先活個幾年從失敗中學習到經驗，好不容易終於抓到訣竅了，卻要被裝進一個木箱扔進火裡。一切不應該發生得這麼快。人生似乎毫無意義，甚至毫無目的。

7 如今的我，只能在病痛中尋求救贖

憤怒。擔憂。沮喪。恐懼。絕望。

這些都是索妮死後糾纏著我的情緒。每天從早到晚，我的情緒就像坐雲霄飛車，我的病情使我質疑、挑戰、發怒、絕望。而這些情緒不光是因為自己，也是因為家人。一想到他們必須面對我的死亡，我就覺得好惶恐。

恐懼與絕望，讓我持續研究與健康有關的相關資料，其中也包括東方的療癒方法。我找到幾位自然療法的專家，也用了幾種不同的物理療法。我嘗試催眠、冥想、禱告、誦經，也吃過中醫的草藥。最後還辭去工作，到印度接受阿育吠陀療法，而丹尼則是繼續留在香港。他必須工作，無法陪我一起去印度，但是他來看過我兩次，兩次都待了整整兩個禮拜。我們幾乎天天通電話，因為他想知道我每天的最新情況。

我待在普納，這裡是父親過世的地方，我在這裡向一位大師學習瑜伽與阿育吠陀療法。我在印度前後待了六個月，健康終於有起色了。我的瑜伽老師為我安排了非常嚴格的治療課程，我只能吃特定的素食與草藥餐點，並搭配在日出與日落時做體位法瑜伽。

這套療法進行了幾個月後，我確實感受到身體日漸好轉。大師是一位奇人，他甚至不認為我得了癌症。我告訴他醫生幫我做過檢查，證實我得了淋巴癌。他說：「癌症只是一個製造恐懼的字眼。忘了那個字眼吧，我們專心為妳重拾身體的平衡。疾病是身體失衡所致，一旦身體恢復平衡，任何疾病都會消失。」

我非常享受接受瑜伽大師指導的那段時間，他幫我克服了對癌症的恐懼。六個月後，他相信我的病已經痊癒了——我自己也相信。我有一種勝利感，一種突破重圍的感覺。我迫不及待想回家跟丹尼團聚，我想念他，有好多話想告訴他。

剛回到香港時，大家都說我看起來容光煥發。我的確很久沒有這麼神清氣爽了，無論是身體或心情。可惜這樣的正面回應，沒能持續太久。大家都想知道我為什麼在印度待了這麼久，還有我的病是怎麼治好的。當我告訴他們我接受阿育吠陀療法時，得到的卻是恐懼與負面的回應。

他們質疑我的選擇，由於這些人都是出於善意、真正關心我的好朋友，所以他們的看法對我有很大的影響。多數朋友都不相信這樣就能治好癌症，雖然我表面上捍衛自己的選擇，但是懷疑與恐懼已慢慢爬回我的心裡。

現在回想起來，當時我應該立刻回印度繼續治療才對。但是我受到身旁懷疑的聲音影響，也開始動搖自己選擇的療法，因此這次我選擇留在香港治療。

我開始研究傳統中醫，因為中醫在香港很盛行。但是中醫有許多做法與阿育吠陀療法背道而馳，愈研究我反而愈糊塗。比如說，阿育吠陀療法鼓勵吃素，但是傳統中醫卻鼓勵吃肉，尤其是豬肉。印度傳統醫學認為豬肉跟牛肉，是最糟糕的食物。

更糟糕的是，病急亂投醫，我竟然轉而求助西方的自然療法。這不但使我更加無所適從，也加深了我的恐懼。每一種療法都有相互衝突之處。西方自然療法嚴禁吃糖和乳製品，甚至把這兩樣食物視為餵養癌細胞的元凶。我研究的資料說，糖會滋養突變的細胞。但是阿育吠陀療法卻說乳製品非吃不可，糖與甜食都是均衡飲食中不可或缺的一部分，因為我們要使每一顆味蕾都達到平衡狀態。

飲食開始讓我產生壓力，我幾乎什麼都不敢吃。我不知道吃什麼對我好、吃什麼對我不好，因為不同療法之間的主張往往互相衝突。這樣的困惑徒增我的恐懼，恐懼再度緊緊抓住了我，我只能眼睜睜看著自己的健康情形愈來愈差。

多數時間我只想獨處，只肯讓最親的人靠近我。我想把現實關在門外，不想面對真相。我無法忍受別人看我的眼神、對待我的態度，隨著健康日趨惡化，我更加討厭別人對我的同情與容忍，那種感覺就像我是個異於常人的怪胎。我尤其討厭有人用因果報應來說嘴，認為我上輩子必定做了壞事，這輩子才會受到懲罰。正因為我自己也相信因果報應之說，覺得自己一定做過見不得人的壞事才會生病。這樣的批判，讓我覺得非常無助。

我心想，**如果這是上輩子做壞事的報應，現在怎麼可能改變？還有扭轉的**

餘地嗎?這樣的想法一出現,就會讓我感到徹底絕望。

儘管我的內心波濤洶湧,但是表面上不露痕跡。為了不讓大家擔心,我跟大家開心地笑、開心地閒聊,儘管我根本不想這麼做。我把別人的感覺和需求看得比自己更重要,不想讓別人因為我而煩惱或不安。很多人都說我「很勇敢」,說他們很佩服我對抗病魔的勇氣。還有更多人稱讚我活得積極又快樂,其實那並非我的真實感受。

丹尼是唯一了解真相的人,他知道跟這些人在一起對我會有負面影響,所以他開始扮演我的保護罩,不讓這些人接近我。只因為不想讓別人為我難過和擔心,每次有別人在場,我都必須假裝堅強。到後來,我實在偽裝得筋疲力盡了,連電話都不想接,不想談病情,也不想再聽別人建議我怎麼做對身體有好處,更不想再回答那些永無止盡的問題。

我開始足不出戶躲在家裡,除了身體上的不適外,也因為整個人明顯看起來就是個病人。我的呼吸變得沉重,四肢瘦弱,連抬頭都很吃力。外人的目光與反應讓我覺得很煩,我知道這種眼神不是因為輕視或不悅,而是好奇,甚至是同情。

當我跟他們四目交接時，他們會因為不安而匆匆移開眼神。我知道那種表情背後的情緒，因為以前我看到病人時也有相同感受。他們覺得我很可憐。很快的，我就習慣了別人的這種反應，也抱歉自己的出現讓他們感到不安，所以後來我乾脆不再出門。

我發現我把自己關在恐懼與絕望的牢籠裡，對人生的體驗愈來愈狹隘。而時間就這樣溜走。在我眼中，沒有癌症的人都很幸運。我忌妒每個健康的人，他們過著怎樣的生活都無所謂，至少他們很健康。他們的身體裡沒有住著一個惡魔，無情地吞噬著健康、心智、人生。

每天早上，我都帶著一絲絲希望醒來——**今天也許會出現轉機**。但是每天晚上又會帶著沉重的心情入眠，挫敗感一天比一天更強烈。

幻滅的我開始懷疑自己這麼辛苦對抗病魔，到底是所為何來？這一切到底有什麼意義？在痛苦與恐懼中，我再也看不到努力的目標，我累了。我開始考慮放棄，準備承認自己打了敗仗。

這時候我已經進出醫院多次，接受輸血和其他療法。在家的時間幾乎都用來睡覺或休息，我無法出門，走一小段路就會吃不消。半小時的活動，就會讓我累得喘不過氣來。我的體重驟降，一直處於輕微發燒的狀態。

「到了這個地步，你覺得我的病情還有改善的可能嗎？」有天醫生為我做完例行的評估檢查後，我提出這個問題。

他避開我的眼神：「我去請護士幫妳換衣服。」他沒說出口的是，他想跟丹尼私下討論我的病情。

「現在能做的不多了。」他們走出病房後，醫生這麼告訴丹尼。他看著我丈夫的眼睛說：「她最多只剩下三個月了。最新的掃描結果顯示腫瘤已經變大，而且數量變多，癌細胞擴散到整個淋巴系統。現在做化療為時已晚，現階段她的身體承受不了那樣的毒性。她太虛弱，任何療法都只會讓她更虛弱也更接近死亡。我很抱歉。」

丹尼故作堅強，沒有轉告醫生的話（很多個月之後他才敢告訴我），但是我已察覺到不對勁了。他本來就很少進公司，自從那天去過醫院之後，他就再也不進公司了。他好像一秒也不願意離開我的身邊。

有一天我問他：「我是不是快死了？」

「我們早晚都會死。」他說。

「傻瓜，我當然知道。」我反駁道：「我指的是現在，因為癌症的關係。萬一我死了，怎麼辦？」

「那我一定會想辦法找到妳，帶妳回家。」我躺在床上，他輕撫著我的頭。

距離我上次看醫生已經過了六個星期。現在連呼吸都讓我感到筋疲力盡，氧氣筒成了必備的夥伴。我沒辦法平躺，一躺平就會被嗆到難以呼吸，必須半躺半臥才不會被自己的口水噎死。要變換臥床姿勢已成為不可能的任務。我全身上下都長滿了膿瘡，大量的毒素入侵我的身體，我的皮膚不得不自己迸裂，排出體內的毒素。

我醒來時經常渾身是汗，衣服都濕透了，夜間盜汗是淋巴癌常見的症狀。我經常全身發癢，就像有許多小螞蟻在我身上爬來爬去。我記得有天晚上實在癢得受不了，無論怎麼抓就是無法止癢。丹尼從冰箱裡拿了冰塊放在夾鏈袋裡，用冰袋來回摩擦我的腿、手臂和身體，希望能為我紅腫的皮膚止癢。花了好一段時間後，才終於不再發癢。

夜裡我們大都睡不好，現在我的生活起居完全依賴丹尼。他甚至能在我需要之前，就已預先設想到。他幫我的傷口敷藥、幫我洗頭髮。他必須全天候照顧我，這讓我十分愧疚。我知道他照顧我絕不是只為了盡一個丈夫的責任，他所做的一切都是出於純粹的愛。

後來我的消化系統也罷工了，不再能從食物中吸收養分，我的毛病又添了營養不良這一條。丹尼買了我最愛吃的巧克力，母親也做了我最愛吃的菜，但是我毫無食欲。就算我好不容易把食物吞進肚子裡也無法吸收，我只能眼睜睜看著自己的肌肉萎縮，直到完全無法走路。

後來的我，只能靠輪椅代步。我的身體為了存活，只能開始消耗肌肉裡的蛋白質。到了最後，我的模樣跟饑荒國家的孩童沒兩樣。我成了一具骷髏，我的頭像一只重達三百磅的槓鈴，連抬離枕頭都辦不到。

我依然經常進出醫院，每次去醫院我都只想盡快回家。那裡太冰冷、太冷漠、太令人沮喪，讓我覺得自己病得更加嚴重了。後來我們請了看護，在白天照顧我。

那段日子，母親與丹尼始終陪在我身邊，丹尼徹夜不睡陪我。他想確定我呼吸正常，想陪著我嚥下最後一口氣。許多夜裡，我因為激烈咳嗽而無法入睡，所以我非常感激他的陪伴。但是我能清楚感受到他的痛苦，因而對自己的病況也更加難受。儘管病入膏肓，我依然戴上勇敢的面具，告訴大家我沒有一絲痛苦。我告訴他們我很好，儘管這並非事實！

我也能感受到母親的煎熬，我知道世上沒有一個母親應該白髮人送黑髮人，更不用說目睹自己的孩子痛苦地慢慢死去。

二〇〇六年二月一日的早晨，我的心情比平常好多了。我開始注意到身邊的事物，天空看起來更藍，世界似乎更美好。雖然行動仍需依賴輪椅、氧氣筒也不能離身，但是當我從醫院返家時，我覺得自己已經準備好放手了，一切都會安然度過。

世界不會因為少了我而停止轉動，沒什麼好擔心的。雖然不知道原因，但是我的心情非常輕鬆，已經很久沒能這樣了！這是我當時的想法。

我的身體承受著疼痛，呼吸困難又辛苦，所以我躺回床上。因為全身都痛，看護在回家前幫我打了嗎啡，讓我晚上能好好休息。但是我有一種不一樣的感覺。我覺得自己慢慢放鬆了下來，不再想緊緊抓住我一直不肯鬆手的生命。這段日子的我，就像一個掛在懸崖邊上的人。我一直在打一場注定要輸的仗，再怎麼掙扎也只能勉強苦撐。現在，我終於準備把緊握的雙手放開。我就這樣陷入深沉的睡眠之中。

隔天，也就是二月二日，我張不開眼睛。因為我的臉腫得太厲害了，雙臂、雙腿、雙手跟雙腳也一樣腫脹。丹尼只看了我一眼就馬上打電話給醫生，醫生讓他立刻送我進醫院。

我的抗癌之戰，即將結束。

第二部

我的死亡與重生之旅

8 為自己送行，我目睹了自己的死亡

我被匆忙送醫的途中，身旁的世界顯得不太真實、如夢似幻，我感覺得到意識正慢慢離我而去。我抵達醫院時已陷入昏迷，醫生們評估我的存活機會時都很悲觀，甚至可用絕望來形容。

這裡不是我平常接受治療的地方，這幾年我就診的醫院更像是大型診所，而不是綜合醫院。在那裡，可以進行醫生為我安排的治療，但是沒有急診設備。我選擇在較小的地區型診所接受治療，是因為我很討厭醫院，覺得上醫院很可怕。我怕醫院，因為我在那裡失去了兩位朋友。一個是我最好的朋友，一個是丹尼的妹夫，他們都是在大型的癌症醫院裡過世的。

我昏迷的那個早上，丹尼打電話去診所時，醫生叫他趕緊送我去香港最大、設備最好的醫院，已經有一組專科醫生待命中。這是我第一次來到這家醫院，也是第一次接受這支醫療團隊的治療。

腫瘤科醫生一見到我，立刻露出震驚神色。

她告訴丹尼：「雖然你老婆的心臟還在跳動，但是她已經失去意識了。現在救她為時已晚。」

我心想：醫生在胡扯什麼啊？我這輩子從來沒有這麼舒服過！媽媽跟丹尼為什麼看起來害怕又擔心？媽，不要哭。到底怎麼了？妳是因為我才哭嗎？別哭了！我很好，真的。親愛的媽媽，我很好！我以為自己正在大聲說話，但其實這些話根本沒說出口。我沒有發出任何聲音。

我想抱抱母親，安慰她，跟她說我很好，但是我不明白自己為什麼做不到。為什麼我的身體不肯聽話？為什麼我只能靜靜躺著，了無生氣、全身軟綿綿？我明明很想擁抱我最愛的丈夫與母親，請他們別再擔心，告訴他們我很好，也不再感到疼痛了。

由於情況危急，醫生立刻找另一位資深的腫瘤科醫生來支援。雖然瀕臨死亡，但是我清楚知道周遭發生的事情，甚至比健康時的我感覺更敏銳。我沒有使用五種生理上的感官，卻能強烈感受到周遭的一切，甚至勝過使用感官。我好像突然擁有了一種截然不同的感知能力，能察覺到身旁發生的每件事，甚至慢慢跟它們融為一體。

那位資深的腫瘤科醫生立刻讓醫療團隊把我的輪床推進放射室，好讓他們為我做全身掃描。我的頭依然得用枕頭墊高，跟最後幾天在家裡的姿勢一樣。原因我之前已經說明過了，這是因為我的肺部積滿液體，如果頭部放平可能會被嗆死。

我依然戴著攜帶型氧氣筒，抵達放射室時，他們幫我脫掉氧氣面罩，把我的身體抬起來搬到核磁共振造影掃描儀上。幾秒後我就被嗆到一直咳嗽，無法呼吸。

「請不要拿掉她的氧氣面罩，還有，她不能平躺！她嗆到了！她不能呼吸！你們這樣會害死她的。」我聽見丹尼對著醫療團隊大叫。

「我們非這麼做不可。」一位放射科醫生解釋：「不要擔心，我們會盡量放輕動作。拿掉氧氣面罩，她可以暫時撐上三十秒。」

所以每隔三十到四十秒，放射科醫生就會把我推出核磁共振造影掃描儀，幫我戴回氧氣面罩。然後再拿掉氧氣面罩，把我送進掃描儀。因此，來來回回掃描花了很長的時間。掃描結束後，我被送進了加護病房。

在我丈夫堅持不放棄的要求下，醫療團隊竭盡所能。時間一分一秒地流逝，我躺在加護病房裡打針插管、接受治療，無助的家人只能在旁邊著急。

我的病床四周拉起厚厚的窗簾，把我跟兩旁的病人隔開。丹尼和我母親都在窗簾外面守著我。

護士依然忙進忙出，準備把我奄奄一息的身體接上醫院的氧氣和其他機器，並為我打點滴和葡萄糖，因為我已經嚴重營養不良。我的床頭有一台監視器，他們正準備幫我接上監視器，測量我的血壓與心跳。餵食管要從我的鼻子插進去，穿過我的喉嚨深達胃部，直接把食物送進胃裡；氧氣也是用呼吸器直接打進我的鼻子裡。插餵食管時，因為管子一直無法穿過氣管，他們在我的喉嚨噴了一些藥劑麻痺肌肉，方便插管。

我知道什麼時候有人進來看我，知道他們是誰，也知道他們在做什麼。雖然我的眼睛緊閉著，但是我對周遭甚至更遠的地方，每分每秒所發生的事情卻瞭若指掌。我的感知能力非常敏銳，甚至超越清醒的時刻。我就是可以知道並了解每件事，不只是我身旁的事。我也清楚知道每個人的感覺，就好像我能透過他們去看見、去感覺。

我感受得到他們的恐懼、絕望，以及對我的病況那種聽天由命的無助。

丹尼和媽媽看起來傷心又害怕。我好希望他們能知道我已經不再感到疼痛了，我希望我能告訴他們。媽媽，別哭！我很好！我就在這裡，跟妳在一起！

我清楚知道周遭的一切狀況。所有事情都在同步發生，而我所注意的事會像聚焦一樣變得更清楚。

「我找不到她的血管！」我聽見護士驚慌地對值班醫生說，聲音裡充滿恐懼。「她的血管都萎縮了，你看她的四肢！一點肉也沒有。她的身體已經好一陣子沒有吸收營養了。」我清楚記得那是男人的聲音，是個男護士。

我心想，**他聽起來好絕望。他準備放棄我了，但是我並不怪他。**

「她的肺裡積滿了液體，她快被自己的體液淹死了。我必須幫她拍痰，至少這樣能讓她的呼吸順暢一點。」這是那位資深腫瘤科醫生的聲音。我看著他們為了救活我在我身上費盡力氣，而我的身軀如此瘦小，彷彿裝不下我此時此刻的感受。

雖然醫療團隊已經盡快為我治療，他們的動作也非常迅速，但是我能感覺到一種接受事實的氣氛，他們似乎都已接受我的病況已回天乏術了。每個小細節對我來說都清晰無比，但是我的身體卻什麼也感受不到，只有一種解放與自由的感覺，這是我從未有過的。

哇，太不可思議了！我是如此自由、如此輕盈！這是怎麼回事？我從沒如此舒服過！不用插管，不用坐輪椅。我可以自由活動，不需要任何協助！呼吸也不再吃力——這種感覺好美妙啊！

我的身體死氣沉沉地躺在病床上，而我對它毫無眷戀。它感覺一點也不像我的身體。看起來太小、太微不足道，裝不下我現在的感受。我覺得自由、輕鬆、無比快樂。所有的疼痛、悲傷與煩惱全都不見了！我覺得毫無負擔。我不記得自己曾經有過這樣的感受——從來沒有。

過去四年來，我是個被關在身體裡的囚犯，任由癌症蹂躪我的身軀，現在我終於被釋放了。我第一次嘗到自由的滋味！我覺得自己輕飄飄的，隨時都可以到任何我想去的地方……這似乎不太尋常。但是這種感覺如此自然，彷彿這才是真正的感知方式。我能聽見丹尼與醫生在加護病房外的談話，他們站在四十呎之外的走廊上，但是我一點也不覺得奇怪。

「穆札尼先生，我們現在已經無能為力了。她的器官停止運作，淋巴系統裡都是檸檬大小的腫瘤，從頭顱底部到下腹部都有。她的大腦嚴重水腫，肺部也一樣。她的皮膚長滿膿瘡，流出有毒素的體液。她應該撐不過今晚。」男醫生這麼告訴丹尼。我以前沒有見過這個醫生。

我看見丹尼露出痛苦的神情，我想對他大叫：**沒關係，親愛的，我沒事！別擔心。別聽醫生胡說。他們說的不是真的！**但是我做不到。我發不出聲音。他聽不見我的想法。

「我不想失去她。我還不能夠失去她。」丹尼說。

雖然我對自己的身體一無眷戀，但是我感受得到那副了無生氣的軀體周遭所發生的事，而那對我的情緒產生一股強大的拉力。我最大的希望，就是不要再讓丹尼因為即將失去我而感到如此絕望

親愛的，你聽得見我嗎？請仔細聽清楚！我希望你能知道我很好！

就在我開始感受到周遭的激動情緒時，也同時感受到一股力量正在把我拉走，就像有個更偉大的景象、更宏大的計畫在我眼前展開。我發現這一切是如此完美，就像按照計畫進行一樣，我感覺得到自己對俗世的眷戀正在消失。

當我的情緒慢慢從周遭環境中抽離時，我發現自己愈變愈大，占據整個空間，直到我跟一切事物之間毫無隔閡。我擁有——不，是我變成了——每件事和每個人。我的家人與醫生的對話，每個字我都聽得清清楚楚，即使他們站在病房外很遠的地方。我看得見丈夫臉上倉皇神情，感受到他心中的恐懼。就好像在那一刻，我變成了他。

於此同時，在事前並不知情的情況下，我卻知道哥哥阿努此刻正在數千英里外的飛機上，急著回來見我一面。看見他一臉擔憂，我感受到一股拉力正在

把我拉回俗世的感情大戲裡。

喔，我看見阿努了！他在飛機上。為什麼他看起來這麼焦慮？他好像正要來香港看我！

我記得我感覺得到他心中的慌張，這讓我對他產生一股強烈的情緒拉力。

喔，可憐的阿努。他很擔心我，他想趕上見我最後一面。別擔心，阿努，我會等你。你不用著急！親愛的哥哥，我一點都不覺得痛了！

我想伸出手給他一個擁抱，告訴他我很好。但是我不明白為什麼自己摸不到他。

老哥，我在這裡！

我還記得，我不希望自己的身體在他趕到之前死掉。我知道那會讓他傷心欲絕，我不要他這樣。

同樣的情況一再發生，當我對哥哥的感情變得強烈時，當我極度不希望他經歷喪妹之痛時，就會發現同時有一股力量再次把我拉走。只要我的情緒一激動，就會發現自己再度膨脹，對俗世的眷戀也愈來愈少。再一次，我感覺到有個更宏大的旅程正在展開，一切都在這個偉大的計畫之中。

我愈往外膨脹，這種奇妙的狀態就顯得愈正常。事實上，我一點都不覺得這種狀態奇怪。當時這一切對我來說，再自然不過了。我非常清楚醫護人員對我所做的各種急救細節，但是在大家眼中的我正陷入昏迷之中。

在我持續向外擴張的同時，也離俗世愈來愈遠。我好像不再受到空間與時間的限制，而且不斷延伸出去，占據愈來愈遼闊的意識。有一種自由和解放的感覺，這是我這輩子從未感受過的。真要形容的話，我只能說這是一種喜悅加上歡樂與幸福的感覺。因為我終於脫離了羸弱的病體，擺脫了疾病之苦所獲得的解放。

我愈來愈深入另一個世界，繼續向外擴張，慢慢與所有的人事物融為一體；同時我也感覺到自己對親人和環境的眷戀正在慢慢消逝。有一種至高無上、極為美好、無條件的愛包圍著我，並隨著我漸漸放開對俗世的眷戀，這種愛也把我抱得更緊。其實我用「無條件的愛」來形容這種感覺還不夠貼切，因為這種說法已被濫用到失去原本應有的強度。不過，在打了這麼多年的抗癌戰役後，現在我終於擺脫癌症的糾纏，感受到自由的甜美滋味。

這不是一種到了另一個地方的感覺，反而比較像是甦醒過來。也許我終於從噩夢中清醒了。我的靈魂終於發現自己有多重要！在這個清醒的過程中，靈魂超越了肉體與俗世，不斷向外延展，直到它所包圍的不只是那個世界，更延伸並包圍住另一個超越了時間與空間的世界。

愛、歡樂、狂喜、敬畏全都傾注到我心裡，穿越我並將我包圍。我被一種我所不知道的大愛緊緊包圍吞沒。這種自由與充滿活力的感覺前所未有。就像我之前說過的，我突然能感受到在俗世裡不可能的事，例如聽見醫療人員和家人在遠處談話。

這種非比尋常的感覺屬於一個獨特的世界，無法用人類語言加以形容。那是一種完整、純粹、無條件的愛，是我以前從未感受過的。毫無條件、毫無偏見……是一種全方位的接納，我不需要付出任何代價就能得到，也不需要證明自己有資格得到它。

令我驚訝的是，我竟然感覺得到父親的存在，他早在十年前就已過世。感受到父親在我身旁，讓我非常安心。

爸爸，你在這裡！我真不敢相信！

這些話不是從嘴巴說出來的，而是**用想的**。事實上，我比較像是在感覺文字背後的情緒，因為在那個世界裡只有這一種傳達情緒的方式。

是的，我在這裡，親愛的女兒，我一直都在這裡守護妳和家人！父親這麼說。我要再次強調，這些不是話語，而是情緒。但是我清楚無誤地聽見了。

我也察覺到好友索妮就在身旁，她三年前死於癌症。他們的存在像溫暖的擁抱，這種感覺只能以興奮來形容，而且讓我非常舒坦。其實，早在我生病期間，在我確實察覺到他們的存在之前，好像就已經**知道**他們在我身邊了。

我也察覺到身旁有其他的存在（beings），我不認識他們，但是我知道他們非常愛我，非常保護我。我知道他們一直都在，給我很多很多愛，即使當時我還沒意識到他們的存在。

與索妮恢復聯繫，帶給我莫大的安慰，自從她死後我就一直非常想念她。

我們之間有份無條件的愛，當我感受到這份愛時，我跟索妮彷彿合而為一，我變成了她。我知道她就在這裡，而且無處不在。她可以為自己所愛的人同時存在於每個角落。

雖然我不再使用五種生理感官去體驗世界，但是我擁有無限的感知能力，就好像多了一種新感官，而且這種感官比普通的生理能力更為敏銳。我擁有三六〇度的全面視覺，可以察覺周遭的萬事萬物。雖然聽起來很玄，但是我並沒有不尋常的感覺。住在人類身體裡，反而綁手綁腳。

那個世界的時間感覺不一樣，我可以同時感受到每一個時刻。我可以同時察覺到跟我有關的每一件事：過去、現在、未來。我同時意識到每一世的我，我好像在某一世有個弟弟，我非常愛護他；而我也知道這個手足的本質就是阿努，只不過他在那一世年紀比我小。我現在所感知到的阿努生長在一個落後的農村，不過我無法分辨出年代與地點。我們住在一個家徒四壁的泥土屋子裡，父母下田工作時由我照顧阿努。

我正體會著當個愛護弟弟的姊姊是什麼感覺，我必須確定我們有足夠的食物，不會遭受討厭的外來侵擾，而這樣真實的感受不像發生在某個前世。雖然看起來像歷史場景，感覺起來卻像發生在此時此刻。

換句話說，這裡的時間不是我們所熟悉的線性時間。人類的心智會把事情按照先後順序排列，但事實上，當我們的表達無須透過肉體時，過去、現在或未來的每件事都正在同步發生。

雖然我能夠在那個世界裡清晰地感覺到每個時間點，但是事後回想並書寫下來時反而感到困惑。既然線性時間不存在，就不會有明顯的先後順序，因此要重新描述絕非易事。

現世的我們似乎受限於五感，一次只能專注在一個時間點上，再把時間點串起來營造線性事實的錯覺。我們的肉體也限制了我們對空間的感知能力，讓我們僅能接收來自眼、耳、鼻、舌和皮膚的感覺。然而，在擺脫掉身體的限制之後，我可以同時感受到與我有關的每一個時間與空間。

在那個擴大的世界裡，我難以用言語形容我被強化的洞察力，無論我怎麼盡力都無法解釋。那是一種奇妙的洞徹。

原來，宇宙是這樣一回事！我明白了，也終於知道我為什麼會得癌症！當時我實在太驚訝，沒能把注意力放在原因上，不過我很快就回頭再次檢視。我似乎也了解自己為什麼會誕生在這一世，我知道了我人生的真正目的。

我為什麼突然徹悟了？我好想知道。這些資訊是誰給我的？是上帝？是黑天神？是佛祖？還是耶穌？然後我突然明白了真相，**上帝不是一種存在，而是一種存在狀態……而我現在就處於那種狀態中！**

我看見我的生命與目前為止我所知道的一切交織在一起。我的人生經歷就像一根線，穿梭在一張巨大且色彩繽紛、無邊無際的織錦裡。其他的線與顏色代表跟我有關的人事物，包括我經歷過的每一輩子。有些線代表我的母親、父親、哥哥、丈夫，以及每一個曾經走入我生命中的人，無論他們跟我的關係是正面或負面。

天啊，甚至有一條線代表比利，那個小時候霸凌我的人！

每一次相遇交織成了一張織錦，也就是我的人生到目前為止的總和。也許我只是其中的一條線，卻是這張織錦上不可或缺的一條線。

目睹這一切，我終於明白我之所以能夠成為獨一無二的自己，是因為我自己、我遇到的每一個人以及生命本身。努力把自己變成另一個模樣，不會讓自己的人生變得更好，只會剝奪了真實的自我！而且還會讓其他人無法感受真實的我，讓我無法如實地與他人互動。失去了本初，也會讓宇宙失去了我所存在的意義，以及我來到世上想要表達的東西。

處於如此清明的狀態，也使我明白我並不是自己想像中的那個人：**除去身體、種族、文化、宗教或信仰……這樣的我依然存在！那麼我是誰？我到底是誰？失去這一切包裝，我不但沒有縮小，相反的，我感到自己無比巨大、無比強大，一切都被我包含在其中。這種感覺，前所未有！**

這樣的我，沒有軀體，沒有任何生理上的殘跡，但是我純粹的本質依然存在，絲毫沒有減損那個完整的我。事實上，我覺得我比原本的肉體之軀更大、更強烈也更寬闊，沒錯，就是永恆，彷彿我一直都在，而且將永遠存在，沒有起點也沒有終點。我知道我是偉大的存在！

我以前怎麼沒有察覺呢？我納悶著。

我看見那張出色的織錦上累積著我的一生，從出生一直到現在，我可以清楚看出為什麼今天我會來到這裡。

看看我的一生！為什麼我一直對自己這麼嚴苛？為什麼我要一直責怪自己？為什麼我要妄自菲薄？為什麼我不為自己挺身而出，勇敢地向這個世界展示我美好的靈魂？

我為什麼要為了取悅他人而自我壓抑，扼殺自己的聰明才智與創意？每一次的口是心非，都是對自己的一再背叛！我為什麼非要得到別人的認同而違背自己的心意？我為什麼沒能傾聽我美麗的心，說出真心話？

當我們受困在軀體裡，為什麼沒能及時明白這個道理呢？我為什麼沒有發現，我們不應該如此苛求自己？

在環繞著我的無條件的愛與接納之中，我用全新的眼光看待自己，我知道我是宇宙中一個美麗的存在。不需要做任何事情，單單只是存在，就值得被溫柔看待而不是批判。因為我存在，所以我值得被愛，就是這樣。

領悟這個道理讓我相當驚訝，因為我一直以為先要付出，才能被愛。我相信要獲得關愛，就必須做出值得被愛的努力，因此當我發現實情並非如此時，我一時還不能相信。我得到無條件的愛，原因無他，只因為我存在。

接受這個不斷擴大的本體就是我時，我獲得難以想像的清明。這就是我最真實的存在。這個領悟是如此透徹：我看見一個全新的自己，一個通透明亮的意識光芒，這樣的流動、榮耀與至美境界，不會受到絲毫干擾。

我知道我們全都連結在一起。不只是人類與生物，而是萬事萬物都交織、合為一體的狀態，包括每一個人、每一種動物、植物、昆蟲、山、海、無生物和宇宙本身。我理解到宇宙是有生命、有意識的，涵蓋所有的生命與大自然。萬事萬物都屬於一個無邊無際的整體（Whole）。我與所有的生命都緊密不可分。我們共同組成這個整體的每一面，我們實屬一體（One），每個人都對這個集合體有所影響。

我知道丹尼的人生跟我的緊緊交織在一起，如果我死了，他很快也會追隨我的腳步。不過，我知道就算是這樣，在這幅偉大的藍圖上，一切依然會保持完美。

我也明白癌症跟我之前所想的不一樣，它不是做錯事的懲罰，也不是任何行為所導致的報應。每個時刻都有無限的可能性，我只是在某個時間點上走到某個地方，這是人生中的每個決定、每個選擇與每個念頭所累積而成的結果。我的許多恐懼與強大的力量，在人生的這個階段以癌症形式呈現出來。

9 回去，過妳未完的人生

雖然我在這裡試著跟大家分享自己的瀕死經驗，但那畢竟是言語難以形容的深度與領悟。最好的描述方法是透過隱喻和類比，希望這兩種方法能至少捕捉到我想表達的奧義於萬一。

請想像有一間陰暗的大倉庫，你住在裡面，但只有一把手電筒做為照明。你對這個巨大空間的了解，僅限於被這道微弱光束照亮的地方。因此每次你找東西時，就算沒有找到，也不代表那樣東西不存在。它就在那裡，只是手電筒的光束沒有照到它。就算找到了，眼前的東西可能也很難分辨。你或許可以大致了解它是什麼，但是通常你只能不斷猜想。你只看得見手電筒照到的地方，只能辨別你已經知道的部分。

血肉之軀的生命就像這樣。我們只能察覺到感官在某個時刻感受到的事情，只能理解自己所熟悉的事情。

接下來，想像某一天有人打開了倉庫的電燈。突然出現的光亮、聲音與顏色，終於讓你第一次看見倉庫的全貌，這一切完全超乎你的想像。亮晃晃的燈光，照射出紅、黃、藍、綠的光芒。還有你不認識的一些顏色，因為你以前從未看過那些顏色。空間裡流動的美妙旋律千變萬化，環繞四周，也是你以前從來沒聽過的。

彩虹閃光燈做成的霓虹標誌忽明忽暗，閃耀著櫻桃色、檸檬色、硃砂色、葡萄色、薰衣草色和金色光芒。電動玩具在軌道上跑著，軌道穿梭在顏色難以形容的箱子、包裹、紙張、鉛筆、油彩、墨汁、食物罐頭、各種顏色的糖果、螢光色汽水、各種口味的巧克力、香檳和來自世界各地的葡萄酒之間。沖天炮突然炸開，光芒四射，迸射出火樹銀花、冷光瀑布，在耀眼光彩中餘燼紛紛落下。

你身旁所發生的事如此巨大、複雜、既深且廣，超乎你的想像。你看不到倉庫的盡頭，而從眼前迸發的強烈感官與情緒來判斷，你知道這件事超越了你的理解範圍。但是你強烈地感覺到自己屬於某種有生命的、無止境的、美妙的存在，你是一張正在展開的巨大織錦的一部分，而這張織錦不斷延伸到你看不見也聽不到的地方。

你明白過去的你所認知的現實，在此刻包圍你的浩瀚奇蹟中只不過是一顆塵埃。你看見各個零件相互關聯、相互作用，一切配合得剛剛好。你發現倉庫裡有各式各樣的東西，都是你從未看過、從未想像過的，各自具有光彩奪目的顏色、聲音與構造。它們就在這裡，跟你已知的萬事萬物共同生存。就連你本來就認識的物品也換上了全新的意義，彷彿變成全新的東西，既不可思議又超乎現實。

就算關上燈，也沒有任何東西能奪走你的領悟與清明、驚歎與美麗，以及這份鮮活的體驗。沒有任何東西能抹滅你對倉庫裡每樣東西的認識，你現在更清楚倉庫裡有什麼、怎麼取用，以及一切的可能性，這些都遠遠超過以前只使用一支小小手電筒來照明的理解。在那些明亮刺眼的時刻裡，你所經歷的一切，都使你對萬事萬物充滿了敬畏。生命換上一層不同的意義，不斷向前開展的新體驗也都來自於這一層新的體悟。

我在這個陌生國度裡的領悟是如此不可思議，我一邊享受一邊探索這種無所不包的意識。這麼做的同時，我也發現抉擇的時刻到了。

我再次強烈感受到父親令人安心的存在，他就在我的身旁，就像把我抱在懷裡一樣。

爸爸，我有一種回到家的感覺！我好高興能來到這裡。生命實在太痛苦了！我這麼告訴他。

但是，親愛的，妳一直都在家裡。他向我強調。妳一直都在家裡，也永遠不會離開。我要妳記住這件事。

從小到大，我從來沒有跟父親如此親密過，但是現在他讓我感受到一種輝煌、無條件的愛。過去在俗世跟父親相處時，他總是要求我遵守印度文化的規範，所以我經常感到沮喪，例如他一直希望我趁年輕結婚。我不一定聽話，這也讓我覺得自己總是格格不入。可是在這個國度裡沒有任何外在限制，也沒有任何文化設定與期待，他對我只有一份純粹的愛。

他在世時加諸在我身上的文化壓力都消失了，因為那只是俗世的一部分。死後都不重要了；價值觀不會延續到死後的世界。只剩下彼此之間的連結，以及對彼此的無條件的愛。這是第一次，我終於能感受到被父親珍愛及保護的美好感覺。這種感覺真的很奇妙，就好像回到家一樣！

我們的溝通工具不是言語，而是一種完全融合的相互了解。我不只是了解父親，而是彷彿變成了他。我知道他過世後的這些年，他一直陪伴在每個家人身邊。他一直陪著母親，支持她、守護她；也陪著我結婚，陪著我生病。

我發現父親的真實本質用更直接的方式跟我溝通：**親愛的，我希望妳知道，妳回家的時候還沒到。妳可以選擇跟我走，或是回到原來的身體裡。**

但是我的身體已被癌症蹂躪得形容枯槁！我立刻浮現這樣的想法。我為什麼想要回去那樣的身體裡呢？那具身體只會折磨我，而且不只折磨我，還折磨媽媽跟丹尼！我不知道回去有什麼意義。

更何況處在這種無條件的愛的狀態，充滿了喜樂，我實在不想回去。我想永遠留在這個地方。

接下來發生的事極難形容。首先，無論我的意識想到什麼，都會立刻出現在我面前。其次，時間完全無關緊要。時間甚至不在考慮的範圍內，就好像根本不存在似的。

在這之前，醫生已經檢查過我的器官功能，檢查報告也已經寫好了。但是在那個國度裡，檢查報告的結果與內容似乎都在等我決定——看我到底想活下去，還是想要繼續踏上死亡之路。如果我選擇死亡，檢查結果就會是器官衰竭。如果我選擇回到人世，檢查結果就會是器官開始恢復功能。

當時我決定不要回去。我意識到我的身體漸漸死去，我看見醫生在跟我的家人講話，說明死因是器官衰竭。

這時候，父親告訴我：「**親愛的，妳只能走到這裡。再往前走，就不能回頭了。**」

我意識到面前有一道分界，那不是有形的界線，比較像一道看不見的能量門檻。我知道一旦跨過去，就不能回頭了。我跟俗世之間的關聯就會永遠切斷；就像我之前看到的一樣，醫生告訴我的家人，我的死因是淋巴癌末期引起的器官衰竭。

這種無條件的愛與全然接納是如此美妙，我想跨過那道門檻，永遠留在這種狀態裡。我彷彿置身在一片開闊的空間，被每一種生物與動物的純粹本質包圍，卻感受不到他們的疼痛、苦難、起伏的情緒與自我。

我把意識轉移到家人聽見我的死訊時有何反應。我看見丹尼把頭枕在我的胸口，緊緊握住我了無生氣的手。他悲慟至極地啜泣，全身顫抖。母親站在我身旁，面色蒼白如紙，似乎無法接受這個事實。哥哥阿努抵達時也備感震驚，因為他沒有趕上見我最後一面。

當俗世的我與家人將我吞沒時，我的情緒也抽離得愈來愈遠。我再次感受到眼前有一個更宏大的計畫等待著我，這給我一種安心的感覺。我知道就算我選擇不回去，生命的偉大織錦還是會繼續編織下去。

就在我決定走向死亡的瞬間，我領悟到更高一層的真理。

既然我已經了解自己是誰，也明白真正的自己是多麼美好，如果我選擇回到俗世，我的身體將會快速痊癒，而且不需要幾個月或幾個星期，而是幾天之內！我知道如果我選擇回到俗世的身體，醫生將再也找不到癌症的蹤跡！

怎麼可能？這個真相使我大感震撼，我很想知道為什麼會這樣。

然後我明白了，身體只是內在狀態的一種反射。如果內在的你知道自己有多偉大，知道自己與萬事萬物的連結，身體就會迅速做出反射並且快速痊癒。

儘管我可以選擇生死，但是我也察覺到另一件事——**我好像還有尚待實現的目標。到底是什麼？我要怎麼找到它呢？**

我意識到我不用四處尋找自己的目標，它會自己出現在我面前。它會幫助許多人，成千上萬的人，甚至更多，也許是把一個訊息告訴他們。但是，我不用刻意尋找或設法想出實現的方法。我只要讓它自己出現就好。

要達到這種無所求的狀態，我只要**做自己**就行了。我發現這些年來，**我最該做的事就是做自己**，不苛責自己也不妄自菲薄。而且，我也發現人類的核心本質就是純粹的愛。**我們就是純粹的愛**，每一個人都是。既然我們全都來自整體，也將回歸整體，我們怎麼可能不是純粹的愛呢？明白了這一點，就無需再害怕我們是誰。所以說，成為愛和成為真實的自己，根本就是同一件事！

想通這個最大的領悟，就像被閃電擊中一樣。我知道因為我就是愛，所以只要成為愛，就能療癒自己和他人。我以前不知道這個道理，但是這個道理卻再明顯不過。如果我們都是一體，是組成無條件的愛這個整體的不同面向，那麼我們的本質當然是愛！我知道這就是生命的唯一目標：做自己，活出真實的自己，成為愛，因為我們就是愛。

彷彿為了證實我的領悟，我的意識聽到父親與索妮告訴我：「**現在妳知道了自己真實的本質，那就回去勇敢過妳的人生吧！**」

10 重生，跨越陰陽界的奇蹟

我躺在醫院裡陷入昏迷，生命步入最終階段。哥哥阿努尚未接到通知，就已經有所感應。他住在印度普納，突然打電話給旅行社訂機票回香港。突如其來的急迫感，讓他打電話訂了當天稍晚的機票。旅行社說從普納飛往香港的飛機都客滿了，不過從孟買飛還有機位。阿努立刻訂機票，然後開了四個小時的車到孟買，搭上飛往香港的飛機。

丹尼打電話到普納通知哥哥我病危的消息，請他盡快到香港來。我的嫂嫂夢娜接起電話，告訴丹尼說阿努早已出發了。

夢娜是佛教徒，當她知道我的情況很危急時，緊急召集了一群佛教徒為我誦經祈福。

在此同時，我母親在香港的醫院走廊上來回踱步，向濕婆神祈求我性命無虞。她非常無助，不知道自己還能做些什麼，所以她去了小時候爸媽帶我去的那間印度廟。她走上入口的寬闊階梯，穿過中庭走進大殿，在真人大小的黑天、濕婆與象頭神的神像前，戴著頭巾的母親微微頷首向眾神傾訴，在神祇的面前取得精神寄託。

同一時間，身為天主教徒的家族友人琳達也召集了教會裡的教友為我禱告。她把我的情況告訴神職人員，他們把我的名字放在禱告辭中。

陷入昏迷的我，鼻子、嘴巴和手臂上插滿了管子，丹尼陪在我身旁，在我耳邊低語，要我知道他始終不離不棄，呼喚我回到他身邊。

「親愛的，我們還有好多事要一起完成。」我聽見丹尼的低語：「求求妳快點回來。我就在這裡等妳，等一輩子也願意。」

他徹夜未眠，隨時注意著床邊的儀器跟標示。他靜靜等待，因為他擔心我隨時會嚥下最後一口氣，他全心全意地盼著我回來。

親愛的丹尼，希望你知道我有多愛你。我很想告訴他：請別為我擔心，我很好。真希望能跟你分享我現在知道的事情。你現在所握的那隻手的主人，並

不是真正的我。我們永遠不會分開，我們會穿越所有的時間與空間連結在一起。沒有任何事情能將我們分開。即使我的身軀死去，我們也不會分開。一切都是完美的，就像現在一樣。我希望你也能知道這件事。

清晨四點，我的身體突然開始窒息作嘔，無法正常呼吸。丹尼非常驚慌，他覺得我快斷氣了，他趕緊按下警鈴。護士衝進病房，他們確認我的確呼吸困難，緊急通知醫生後，他們幫我翻身拍背。

二十分鐘後醫生抵達病房，他告訴丹尼我的肺裡積滿液體，我被自己的體液嗆到。醫生叫護士送來引流袋，他們拿了一個透明的袋子和一根長長的針進來，醫生把針從我的背刺進肺部抽出液體，再讓液體流入透明袋子裡。他抽了三、四次，袋子裡的液體差不多有一公升之多，這時他才把針抽出來。我依然看得見自己的身體，現在呼吸比較順暢了。

整個早上，丹尼都守在病床旁，他幾乎陪了我一整天，緊握我的手，隨時盯著病床上方的各種儀器。

哥哥下午抵達香港，一到機場就用手機打電話給丹尼。

丹尼告訴他：「先別回家放行李，直接搭計程車到醫院。我們不確定還有多少時間。」所以阿努就帶著行李直奔醫院。

下午四點，我稍微可以張開眼睛，不過視線依然很模糊。我不太認得病床旁的人影是不是丹尼，但是我聽見他的聲音：「她醒了！」

他聽起來很開心。時間是二月三日下午，我昏迷了大約三十個小時。

接著我聽見哥哥的聲音，我努力擠出微笑。

「老妹！歡迎回來！」阿努的聲音充滿喜悅。

「你趕到了！」我說：「我就知道你會來。我看見你上飛機了。」

他看起來有點困惑，但是沒有把我的話放在心上。家人都很高興我的情況似乎好轉了。母親也在病床旁，微笑地握住我的手。我思緒有些混亂，因為我不知道自己一直在昏睡，還無法完全理解發生了什麼事，也不知道自己已經從另一個國度回來了。

我的視線慢慢清晰起來，辨認家人比起剛才輕鬆多了。我看見阿努的行李靠在他身後的牆邊。

醫生走進病房，對於我的清醒感到又驚又喜。「歡迎回來！我們都很擔心妳呢！」他說。

「早，很高興再次見到你，陳醫師。」我有氣無力地回答。

「妳怎麼會認識我？」他的表情難掩驚訝。

「因為我見過你啊。」我告訴他：「我半夜呼吸困難時，你不是跑來幫我抽肺部積水嗎？」

他一臉迷惑地說：「沒錯，但是妳一直在昏迷狀態。妳的眼睛沒有張開過！」不過他沒想太多就接著說：「這真是個大驚喜！我沒想到妳還能醒過來，我還有好消息要告訴妳的家人。妳的肝功能與腎功能的檢查報告出來了，兩種器官又開始正常運作了。」他看起來很高興。

「我本來就知道它們會恢復正常。」我迷迷糊糊地說。

「妳不可能會知道的。」陳醫師語氣堅定，耐心地向我說明：「這個結果出乎大家的意料。現在妳就好好休息吧。」他說完就轉身走出病房。

我的家人都眉開眼笑，他們好久好久沒有這麼開心了。醫生走出病房時，他們還不停地向他道謝。

陳醫師出去後，我問丹尼：「他為什麼那麼驚訝我認得他？我有看見他為我治療，他就是那個跟你說我的器官已經衰竭的醫生，還說我撐不過今晚，只剩下幾個小時的生命，不是嗎？」

「妳是怎麼聽到的？」丹尼反問我：「他不是在病房裡說的。當時我們在走廊另一頭，距離這裡大約有四十呎！」

「我不知道我是怎麼聽到的。還有，在醫生還沒走進病房前，我就已經知道檢查結果了，可是我也不知道為什麼。」

雖然我依然很虛弱，但是我的身體已經出現明顯的好轉變化了。

接下來幾天，我慢慢向家人描述另一個國度，包括我陷入昏迷時發生的許多事情。我幾乎可以一字不漏地向家人轉述他們當時的對話，而且不只是在病房裡，也包括在病房外面、走廊上與醫院的等候區。我可以說出自己接受的各種治療過程，也認得為我治療的醫生與護士，大家都很驚訝。

我告訴腫瘤科醫生與家人，我在夜裡呼吸困難、被自己的體液嗆到，所以丹尼按下了急救鈴。我描述了護士走進病房、緊急通知醫生，大家都以為我快斷氣了。最令眾人感到震驚的是，我還能詳述急救過程的每個細節，包括發生的時間。

我甚至認得我被送進醫院時，慌忙為我辦理住院的護士。我告訴家人：「那個護士說我的血管都萎縮了，他還說我的四肢瘦得皮包骨，沒有半點肌肉，所以無法找到血管打點滴。事實上，他的語氣聽起來好像根本沒必要幫我找血管！」

哥哥聽見這件事很惱怒，後來他承認自己還跑去罵了那個男護士。他對護士說：「你找不到我妹妹的血管時說的每個字，她都聽見了。她知道你打算放棄為她急救。」

「我不知道她聽得見！當時她已陷入昏迷！」護士很震驚，並為了自己的不體貼一直向我道歉。

醒來後不到兩天，醫生告訴我因為我的器官奇蹟似地恢復正常功能，所以毒素累積所造成的腫脹已大幅消腫。

我充滿信心又樂觀，請醫生幫我拔除餵食管，我打算自己進食。但有位腫瘤科醫生不同意，她說我嚴重營養不良，而且身體根本不能吸收營養。但是我堅持自己已經可以進食，畢竟我的器官又能正常運作了。醫生勉強同意，不過她說如果我無法正常進食，就必須立刻插餵食管。

餵食管應該是我身上最難受的一條管子，從我的鼻子一路穿過氣管後方通到胃部，把液體蛋白質直接送進我的消化系統。餵食管讓我口乾舌燥、鼻腔發癢，非常不舒服，我很想快點擺脫。

拔掉餵食管後，醫生建議當時最好的固體食物應該是冰淇淋。一方面可以舒緩喉部的擦傷，而且不用咀嚼又好消化。我聽見冰淇淋立刻眼睛一亮，丹尼馬上去買我最愛吃的巧克力冰淇淋，還是挑我最喜歡的牌子。

另一位腫瘤科醫生為我例行檢查時同樣難掩驚訝。「妳的腫瘤已明顯大幅縮小，而且是在短短的三天內！」他難以置信地說：「所有腫脹的腺體也消腫了，體積只剩下之前的一半！」

隔天醫生檢查後，發現我已經可以自行呼吸，因此氧氣管也拔掉了，我很高興。我可以在病床上坐直身子，不過因為體力不夠，頭還是得靠在枕頭上。儘管如此，我的心情還是很好。我想跟家人閒話家常，尤其是跟阿努交換近況。

我想聽音樂，請丹尼幫我把 **iPod** 帶來醫院。可是我身上依然爬滿管線，再加上脖子有膿瘡，所以沒辦法戴耳機。丹尼在我床邊的小桌子上放了一對小喇叭，讓我能聽音樂。

心情愉快的我只想聽輕快的舞曲，可是我肌肉無力，連起床的力氣都沒有，更不用說是跳舞了。不過，我自得其樂地在腦海中快樂舞動著，聽音樂讓我心情更好了。當時的我，不太明白自己為什麼可以如此樂觀，我只是隱約感覺到自己知道一些事情。

我覺得自己像個孩子。我想聽音樂、吃冰淇淋，和家人一起聊天。我開懷大笑，心情愉快，即便無法下床、行動無法自如，但是一切顯得如此完美，這是一種前所未有的感覺。

這時我還住在加護病房裡，醫生覺得我吵到了其他重病患者。他們的家屬抱怨窗簾另一頭，傳出來的音樂和笑語實在太吵。

「妳的情況令我想不透！」陳醫師早上來巡房時說：「我甚至不知道怎麼寫妳的病例報告，這實在是個讓人讚嘆的案例！」

在緊急送醫後的第五天，我就被轉入普通病房，從此可以在普通病房裡盡情地聽音樂和哈哈大笑！

慢慢地（事實上是非常非常緩慢），我開始了解發生在自己身上的事情。隨著思考變得清晰，我漸漸想起另一個國度的種種細節，而且每件小事都會讓我想哭。離開那個無比美麗又自由的國度，讓我有些悲傷。另一方面，能與家人團聚也讓我感恩。我落下的淚水中，有悔恨也有喜悅。

此外，我與身旁的每個人都產生一種前所未有的感情連結，不只是家人，也包括走進病房的每一位護士、醫生與勤務人員。我對每一個為我服務或照顧我的人都有源源不絕的愛，這種感情對我來說相當陌生。我覺得我跟他們有很深的感情，我對他們的感受與想法都很清楚，好像我跟他們擁有相同的心智。

我的床就在窗邊，剛轉進普通病房時，有位護士問我想不想坐起來看看窗外。這時我才想起已經好久沒看見外面的世界，所以我興奮地說：「當然想！」護士扶我起來，我一望向窗外就熱淚盈眶，止不住哭泣。一直到現在我才知道，原來我小時候在跑馬地的家，距離這家醫院只有幾條街。

我之前說過，這家大型醫院不是我平常接受治療的地方，這幾年我都是去另一家大型診所。我第一次進這家醫院，就是在我陷入昏迷的那一天。

我望向窗外，看著與童年時幾乎一模一樣的街景：醫院大樓前方的賽馬跑道，還有我跟亞芳一起搭車的電車軌道！當我淚眼婆娑地看著童年的景象時，有一種繞了一大圈又回到原地的感覺。

老天，我真不敢相信，我心中充滿訝異。窗外的電車、公園、童年時的建築物。這是個奇妙的啟示——我獲得了重生的機會，而這是個起點。

雖然眼前是我熟悉的尋常景象，但是我眼中看見的是一個嶄新的世界。一切變得新鮮、清晰又美麗，宛如初次看見這世界。我眼中的色彩比過去更鮮明，我也注意到每個小細節。我在周遭的建築中找到小時候住的矮公寓，對街的公園也是我兒時經常留連的；緩緩駛過的電車，呼嘯而過的車子；行人忙著遛狗或出門辦事。我用全新的眼光觀看這個世界，彷彿回到了童年。眼前的景象再普通不過，卻是長久以來我見過的最美景象……或許，也是這輩子最美的景象。

11 出院了，走過死亡幽谷的我

離開加護病房幾天後，我開始接受物理治療鍛鍊肌肉。我可以從房間的一頭走到另一頭的那一天，在護士的攙扶下走進浴室照鏡子。我看見鏡子裡形容枯槁的自己，心頭頓時一沉。這是清醒後，我第一次感到垂頭喪氣。

我請護士先離開幾分鐘，讓我獨處一下。我一直盯著鏡子裡的自己，幾乎不認得鏡子裡回望我的那個人，她是誰？我掉了好多頭髮，頂著像被狗啃過一樣的髮型；雙眼腫脹突出、顴骨高聳；右耳下方的脖子上貼了塊紗布，蓋住皮膚上的一顆大爛瘡。我站在鏡子前仔細端詳自己，忍不住痛哭失聲。

我不是因為愛漂亮才哭，對當時的我來說，外表一點也不重要。我之所以傷心，是因為任何一個人看到有人如此悽慘都會傷心。我的難過，包含著深切的同理心。在鏡子裡的那個人她的臉、她的眼睛，我看見的是一個承受多年痛苦的人。

我怎麼可以放任自己承受這麼多折磨？我怎麼可以給自己製造這麼多痛苦？我深深感到哀傷。

是的，我覺得一切都是自己造成的。我把手伸向鏡子，撫摸鏡子上那張淚眼汪汪的臉，我向自己保證不會再像過去一樣傷害自己。

醫生對我的復原情況，態度相當保留，因為我入院時狀況確實太糟。他們想幫我調整化療藥物的劑量，那一度讓我懼怕的化療。

我看著護士走進病房為我注射藥物，以紅色大字標示著「有毒」的藥袋吊在點滴架上，藥袋裡的液體直接流進我的血管。護士戴著口罩與乳膠手套，以防不小心接觸到危險的化學藥劑。弔詭的是，這些毒藥卻理所當然地直接注射到我的血液裡。

我知道我不需要化療。醫生當然有他們的理由，但是我也有我的理由，因為我知道我已經百毒不侵了。沒有任何事情可以摧毀我，包括直接注射到我血管裡的毒藥，而我竟然害怕化療這麼多年！奇怪的是，我身上沒有出現常見的副作用，我沒有因化療而出現常見的嘔吐現象，這讓我的醫療團隊非常訝異。

我有一種勝利的感覺。我完全克服了恐懼，從死於癌症的恐懼到化療的恐懼，這更加證實了打擊我身心的一直都是恐懼。我自己很清楚，如果是尚未體驗過另一個國度的我，看到用紅字標示的有毒藥物要注射進我的身體，再加上護士的全副武裝，一定會自己先嚇自己。光是心理作用就足以了結我的生命，我很清楚以前的我是多麼膽小。

但現在不一樣了，我覺得自己所向無敵。我知道我在另一個國度做了回來的決定，這個決定凌駕於俗世的萬事萬物。

醫生想為我進行一連串的檢查，以便調整化療藥物的劑量。我勉強答應了，因為我知道他們比我更需要依靠檢查報告來證明我已經痊癒了，另一方面也是因為我早就知道會有怎樣的結果。證實自己是對的，會給我一種勝利感。

然而，醫生評估後，認為我的身體還太虛弱，無法一下子承受太多檢查。所以他們決定把檢查分散成兩個星期進行，讓我先把體力慢慢養好再說。當時我的體重不到四十公斤，必須補充營養才能進行相當於小型手術的檢查，因為任何需要復原的檢查都會對原本就很虛弱的身體造成負擔。

護士每天都幫我清瘡換藥。這些膿瘡又大又深，醫生認為需要進一步治療才能癒合。我沒有足夠的營養與體力讓較大的傷口復原，所以他們請整形外科醫生來評估狀況。

整形醫生也認為我的傷口大到無法自行癒合，而身體狀況也沒有足夠的養分自行癒合。不過他覺得我的身體太虛弱，目前無法承受任何整形手術，所以請護士繼續清瘡換藥，等到我有足夠的體力接受手術再說。現在的我，依然瘦得皮包骨。

離開加護病房六天後，我已慢慢恢復體力，也可以在醫院的走廊散步片刻再休息。醫生覺得我已經有足夠的體力可以應付第一項檢查——骨髓切片，這項檢查非常痛，醫生要把一根粗粗的針插進脊椎根部抽出骨髓。

末期的淋巴癌很容易轉移到骨髓，所以醫生認為應該會在骨髓裡找到癌細胞，並且想以檢查結果來決定用適當的藥物與劑量。

我記得檢查報告出爐的那天，醫生帶領一支醫療團隊走進我的病房，臉上露出擔心的神情。他說：「骨髓切片的報告出來了，有點問題。」

數日來我第一次感到緊張。「為什麼？哪裡有問題？」

我的家人也在病房裡陪我，大家都很擔心。

「妳的骨髓切片裡找不到癌細胞。」他說。

「這怎麼會是問題？」丹尼問道：「這表示她的骨髓裡沒有癌細胞，不是嗎？」

「但這是不可能的。」醫生說：「她身體裡肯定還有癌細胞，因為癌細胞不會消失得這麼快。我們必須找出癌細胞在哪裡，找不到就麻煩了，因為這樣我沒辦法決定用藥劑量。」

所以，他把我的骨髓樣本送去香港最精密的病理研究室，四天之後，檢查結果一樣是陰性的，樣本裡找不到癌細胞的蹤跡。這消息，讓我有打了勝仗的驕傲感。

醫生沒有因此放棄，他們繼續幫我做淋巴結切片。起初，我剛找到的自我，很想以報復之姿告訴他們：「不用，你們**不用**再做任何檢查了，因為這是我的身體，我早就**知道**你們**什麼**也找不到！」

總之，醫生還是堅持做檢查，還拿幾天前我送醫時的情況來提醒我的家人。所以我就隨他們去，反正我很清楚他們一定找不到癌細胞。我也知道他們每為我做一次檢查，只是讓我再一次感受到勝利的喜悅。

我直接告訴醫生：「就照你的意思做吧，但是我想告訴你，你們做這些檢查只是為了說服自己。我早知道檢查會有怎樣的結果！」

他們又等了幾天讓我恢復體力，然後為我做了相當於小型手術的淋巴結切片。做切片之前，我先被送去放射科。放射科醫生要先用超音波檢查最大的淋巴結，然後在我的皮膚上做個記號，這樣外科醫生才知道要在哪裡下刀採切片樣本。

我躺在放射科的診療台上，看見我入院時照的片子就固定在一個發光的看片箱上，從片子上能看出當時的腫瘤位置。放射科醫生看到先前的片子中，我的脖子有很多腫脹的腺體與腫瘤，所以他沿著我的後頸到頭顱根部照超音波，接著掃描我的脖子兩側，最後掃描前頸。我發現他的臉上露出難以置信的困惑表情。

他回頭檢視看片箱上的掃描結果，接著又回到診療台旁。他問我能不能在手臂下方照超音波，我說可以。但是照完手臂下方，他依然一臉困惑。接著他又掃描了我的胸部、背部與腹部。

「沒問題吧？」我問他。

「我搞不懂。」他說。

「為什麼？怎麼了嗎？」我隱約知道發生了什麼事。

「請等我一下。」他答道。

放射科醫生走到附近的電話旁，我聽見他打電話給我的腫瘤科醫生。

「我實在不明白。我手邊有病人兩週前的淋巴系統掃描結果，當時到處都是癌細胞。可是現在她全身的淋巴結，都沒有大到可能是癌細胞的腫塊。」我聽見他這麼說。

我的臉上綻放出笑容，他走回診療台時，我坐起身子對他說：「我猜我可以走了吧！」

「先別急。」他答道：「妳的腫瘤科醫師堅持要我找一個淋巴結讓他切片，因為妳的身體不可能完全沒有癌細胞。癌症不可能憑空消失。我必須幫他找個容易切片的淋巴結，比如脖子。」

他在我的脖子上標出一個淋巴結位置，雖然這個淋巴結一點也不腫。然後他們安排了切片時間，外科醫生在我的脖子左側切了一個小洞，取出一點淋巴結樣本。

切片過程使用局部麻醉，所以我全程都很清醒。我很不喜歡醫生切開淋巴結時，頸部那種不舒服的感覺。外科醫生燒灼傷口時，我聞到自己的肉被燒焦的味道。當時我心想，讓他們做這些檢查，說不定是最糟糕的主意！

然而，切片結果再次顯示癌細胞已經消失了。

這時候我才開始反對繼續檢查和服藥，因為我非常確定我已經痊癒了。我也不想一直被困在醫院裡。我想出院再次探索這個世界，特別是現在我已經知道我會非常健康。可是醫生拒絕了我的要求，他們堅持我必須繼續檢查與服藥。他們提醒我別忘了入院時的慘狀。

「如果你們在我的身體裡找不到癌細胞，為什麼我需要檢查、吃藥？」我提出疑問。

「我們找不到癌細胞，不代表癌細胞不存在。別忘了妳幾週前剛入院時已經性命垂危！」他們答道。

最後他們為我做了全身的正子斷層造影，結果一樣找不到癌細胞。我的治療終於告一段落了。

還有一件事讓醫療團隊也大感不解，那就是他們本來為我安排了整形醫生縫合脖子上的膿瘡傷口，後來也不需要了，因為傷口全都自行癒合了。

二〇〇六年三月九日，在我被緊急送醫的五個星期後，我出院回家。除了上樓梯還是需要幫助外，這時的我已經可以自己走路了。醫生在我的出院許可證上大大寫著：「出院返家休息，至少六週不可逛街血拚或聚會狂歡！」我真的好高興。

哈，我才不聽他的呢！出院一個星期後，為了慶祝我三月十六日的生日，我在我最喜歡的餐廳占美廚房辦了生日晚宴，跟家人一起慶祝我重獲新生。隔週的三月二十六日，我還出席了一個朋友的婚禮。朋友們聽說了我的遭遇都震驚不已，我開心地跳舞、喝香檳。我比以前更加清楚，生命就應該這樣隨心所欲，活得喜樂且充實。

12 無論從哪個角度看，我都難逃一死！

醫生宣布我癌症痊癒已經過了好幾個星期，但是我還沒完全弄清楚到底發生了什麼事，我還在思索。我漸漸習慣出院後親友們初次見到我時的震驚反應。

雖然從來沒有人當面告訴我，但是我知道多數親友上次見到我時，都認為我已經活不成了。他們完全沒想到能再次見到我。看見我在短期內恢復健康，有些親友試著掩飾驚訝，但也有些人毫不隱藏。

「天啊，真的是妳？」我的瑜伽老師看見我走進教室時，下巴差點掉到地上，我們已經六個月沒見面了。「妳氣色真好！我聽說妳已經慢慢好轉，但是我沒想到妳竟然這麼健康！」

這幾年來，我斷斷續續上過亞美拉的瑜伽課，她的個性很可愛，美麗的瑜伽教室俯瞰香港鬧區朝向維多利亞港的那一面。她一直知道我是癌症病患，隨著我的身體愈來愈虛弱，有許多動作做不來；她會溫柔地幫我，或是讓我靜靜躺著做攤屍式。後來除了攤屍式，我再也做不了其他動作，但我還是繼續去上亞美拉的瑜伽課，因為我喜歡沉浸在瑜伽課的正面能量中。

最後我完全無法出門，只能靠輪椅代步、依賴氧氣筒呼吸，連在家都得靠全職的看護照顧，也就不可能再去亞美拉的瑜伽教室了。

因此，我一恢復到可以單獨出門時，最想做的事就是在瑜伽課上到一半時走進教室，給亞美拉一個驚喜。她的確嚇到了！亞美拉向我介紹班上同學，有幾個人我沒見過，但認識我的同學都相當震驚。有位女士想起我最後幾次上課時的病容，還忍不住紅了眼眶。她沒想到還有機會見到我，她直呼這是個奇蹟。

每個見到我的人，都想知道這到底是怎麼一回事。我怎麼可能這麼快就恢復健康？但是我很難解釋，因為連我自己都還沒完全弄清楚。我不知道該用什麼方式形容，才能讓別人了解這段經歷。言語難以形容，尤其是英語。

有一天我收到阿努的電郵，他寄給我一個討論瀕死經驗的網址連結。他一直在調查跟我有類似遭遇的人，後來就找到了這個瀕死經驗研究基金會（Near Death Experience Research Foundation，簡稱 NDERF）的網站 www.nderf.org。他在電郵中說，網站上有些人提到自己的瀕死經驗，聽起來跟我的經歷很像，所以他希望我能看一看。

我對瀕死經驗所知有限。只是聽說過，也曾在電視上看過一兩支紀錄片，但是我沒有認識這樣的人，至少我從沒想過這種事會發生在自己身上！

我打開哥哥寄給我的網站仔細閱讀，當我看到類似的經歷時，不禁全身起雞皮疙瘩。雖然他們沒有一個人跟我一樣生了重病，但有些人描述的國度跟我去過的很像。有些人提到延展、清明、開闊的感覺，還有萬事萬物彼此連結的緊密關係。他們提到沒有偏見的感覺，只有廣大無條件的愛。

他們說自己遇到已逝的親友或關心自己的人，而且也對宇宙有了全新的領悟與了解。沒想到竟然還有這麼多人感受過這種全然的接納與融合，他們也知道世上每個人都應該同樣受到珍愛。許多有過瀕死經驗的人都表示，重獲新生，讓他們有更明確的人生目標，而這正是我的感受！

讀了幾段分享的文章後，我看到網站跳出一個視窗：「你也想分享自己的瀕死經驗嗎？請點此處！」點進去後，跳出了一張很長、很詳細的表格，我開始一一填寫。我從未把自己的經驗形諸文字，只有跟好友與家人聊過而已，所以這是我第一次如此詳盡分析這段歷程。

因為這是我第一次向陌生人全盤托出自己的情況，我希望自己的描述愈清楚愈好。回答表格上的問題，也讓我用前所未有的方式回溯這段經歷。我回答得很詳細，包括罹患癌症、死後復活，以及最後癌細胞迅速消失的過程。我巨細靡遺地回答了每個問題，並在空白處填入一些細節，最後按下「送出」。這時突然又跳出一則訊息：「感謝您分享自己的經驗。我們將在三週內與您聯繫，並通知您是否會在網站上刊出您的經驗。」

當時已是深夜，所以我上床睡覺時心裡還想著，他們應該不會太快跟我聯絡。沒想到隔天早上我一起床，就驚喜地發現傑佛瑞·隆恩醫師（Jeffrey Long）已經回信給我。

隆恩醫師說他是腫瘤科醫生，也是瀕死經驗研究基金會網站的管理者。我透過網站把自己的瀕死經驗傳過去，他讀過後覺得這是他看過最特別的經驗。他希望能再問我幾個深入的問題，尤其是與我的病況有關的問題，因為他對我迅速痊癒一事很好奇。他說我的敘述清晰流暢，他想更加了解我罹癌的過程，例如何時診斷出罹癌、病史多長，以及瀕死經驗與癌症痊癒之間隔了多久時間。

我盡量回答他的問題，這次他也是幾乎立刻回信。他的字裡行間透露出真誠的喜悅。他說我的答案令他很激動，也感謝我願意讓他刊登自己的經驗，這一定能對成千上萬的人有所啟發。他把我的記述連結放在基金會的網站上，內容也包括後續的提問與回答，這些原始資料現在依然存在網站的檔案庫裡。

我後來才知道，隆恩醫師一收到我寄過去的東西，就立刻列印出來一再地反覆閱讀，因為他認為我的經歷非常特別，這是他第一次把申請者寄過去的文章列印出來看。

此外，我有個好友彼得．洛伊德（Peter Lloyd），他發行一本叫做《香港全紀錄》（Holistic Hong Kong）的刊物。他覺得發生在我身上的事情很神奇，希望能把我的故事刊登在這本刊物上。我把寄到基金會網站的文章副本直接寄給他，刊載在下一期的《香港全紀錄》中。

幾個星期過去後，在二〇〇六年的夏天，有另一位美國的腫瘤科醫生主動跟我聯絡。他是柯耀冰醫師（Peter Ko），他說他對癌症自動痊癒（spontaneous remission）的案例很有興趣。

他說在短短三週內就有兩個人分別把我的瀕死經驗連結寄給他，一個是瀕死經驗研究基金會的網站，另一個是《香港全紀錄》的報導。柯醫師收到基金會的連結時覺得我的文章太長，所以沒有看完。可是第二封電郵除了附上《香港全紀錄》的連結，還叮囑他務必要看這篇文章，因為他一定會感興趣。於是，他決定看看文章裡到底寫了什麼。

他看了我的故事後果然大感好奇，所以他向彼得・洛伊德詢問我的聯絡方式，因為網站並沒有提供我的全名，只標明這篇文章是「艾妮塔M的瀕死經驗」。彼得透過電郵讓柯醫師跟我取得聯繫，柯醫師立刻要求直接打電話給我，因為他有很多問題想要問我。

我們在電話上一聊就是好幾個小時，我把這段經驗仔仔細細地告訴他，尤其是我的病況。我還把幾頁相關的病歷傳真給他，包括二月二日我被緊急送醫時醫生的評估報告。評估報告上描述了我當時的狀況與預後，以及「四B期淋巴癌」的診斷結果。

看完幾頁病歷後，柯醫師的第一個反應是：「艾妮塔，無論從哪個角度判斷，妳都難逃一死！」

柯醫師對我的案例很感興趣，他還專程安排了一趟香港之行，想拜訪我經歷瀕死經驗的醫院並仔細研讀我的病歷。

十月中，我跟他在醫院碰面，我在這家醫院裡有過瀕死經驗。我們坐在大廳聊了一會兒，先認識彼此。他問我那段經歷與病情，想從我的觀點了解這件事。接著我們走進行政辦公室，申請調閱病歷。他們取出一疊厚達三吋的病歷，放在我們面前的櫃檯上。我們抱著病歷走進餐廳，柯醫師一頁一頁仔細閱讀，抽出他要影印的文件。

有兩位腫瘤科醫生（隆恩醫師與柯醫師）都對我的經驗有興趣，這讓我覺得既興奮又榮幸；同時也讓我更加確信，我重返人世是為了某個對世人有幫助的崇高目的。我的經歷或許能幫助人，我是既感恩又欣喜。

柯醫師問我願不願意公開演講，談一談親身經歷。他坦承自己是個生性多疑的人，但是看過我的病歷後，他真的很興奮。他希望可以立刻研究我的病歷，並且善加利用研究結果。

回美國之前，他打算在香港辦一場研討會，跟醫界人士分享他最近的研究發現，他希望我也能在會議上發表演說。他說他已經向幾位當地的醫界人士提過我的案例，也稍微介紹了一下我的故事，以及我排斥正統療法的態度。

柯醫師覺得醫界人士也必須從我的觀點來了解我的故事。他說他從未聽過像我這樣的癌末患者還能完全康復的案例，更不用說痊癒得如此快速。他認為這個故事應該公諸於世。受邀演講讓我很興奮，我很期待能與世人分享發生在我身上的事情，所以我一口答應了下來。

我也介紹柯醫師認識我們的家庭醫師布萊恩．沃克醫師（Brian Walker），沃克醫師也說我的康復讓他相當震驚，他強調自己從未碰過像我這樣的癌末病患竟能迅速痊癒的情形。兩位醫師一起討論我這幾年來的癌症病情，沃克醫師確認柯醫師的多項發現，並簽名證實病歷內容無誤。接著柯醫師與媒體聯絡，希望研討會上關於我的報導能出現在當地報紙上。

以下是柯醫師研究完我的所有病歷後所做的總結摘要，他透過電郵將這份報告寄給媒體及參加研討會的醫界人士，以下副本已經過他的同意在書中公開。這份報告是從腫瘤科醫生的角度來看我的遭遇，也證實了我並非信口開河。

> 我希望艾妮塔的故事，也能讓各位同聲驚嘆……她的經驗讓我大開眼界！我上個月初抵香港時，就是為了仔細檢視她的病歷，然後證實或推翻她的說詞。仔細看過她的病歷後，我對她的奇妙經驗愈來愈感興趣……尤其是她甦醒之後帶回來的訊息！醫療病歷對一般讀者來說可能過於冗長，不過我還是提供給大家當參考，這樣才能體會她當時病得有多嚴重，她能痊癒是一件非常神奇的事。我希望除了我個人的觀察之外，這些病歷紀錄能為艾妮塔的故事提供更堅實的基礎：

一、關於艾妮塔的病情（以時間為序）：

二〇〇二年春天，她發現左鎖骨上方有一個硬塊，她的醫生認為這是一個明顯的警訊。同年四月切片檢查後，證實為二A期（早中期／無症狀性）的何杰金氏淋巴癌（Hodgkin's Lymphoma）。各位都知道她不願接受正統的癌症療法，所以她積極尋找另類療法。在接下來兩年半的時間裡，她的病情逐漸加重。

到了二〇〇五年，癌症開始影響她的健康。癌細胞擴散到愈來愈多的淋巴結，體積也愈來愈大。她也出現了所謂的「B症狀」：夜間盜汗、發燒、皮膚發癢等等，這些都是病情加重的徵兆。她的胸腔兩側都出現了肋膜積水，二〇〇五年一整年因為肺積水已經影響到呼吸，而必須不斷「抽肺積水」。

到了二〇〇五年耶誕，病情急轉直下，頸部與胸腔壁的病灶滲出皮膚，開始出現無法痊癒的大膿瘡。她無法進食、營養吸收不良、體重減輕、明顯的疲勞、肌肉萎縮，腎臟功能開始衰退。

二月二日早上她無法下床，臉、頸、左臂都嚴重腫脹。因為淋巴結體積過大而堵塞，頭頸部的靜脈回流出了問題，她的雙眼腫到睜不開。雖然有家用氧氣筒幫助呼吸，但是大量的肋膜積水讓她呼吸困難。在極度無助的情況下，她的丈夫與母親打電話給家庭醫生求助，家庭醫生叫他們立刻將艾妮塔緊急送醫。送達醫院後，一位腫瘤科醫生接獲通知趕到現場，看到艾妮塔的慘狀大為震驚。

由於難以做出決定，他找來了另一位腫瘤科醫生共同會診。另外還有幾位醫生也被找來處理各個衰竭的器官系統。醫療團隊達成共識，如果不立刻治療，她必死無疑。她有多重器官衰竭的現象，所以化療可能毒性過強，卻是她唯一的希望。

當晚她接受了核磁共振與斷層掃描等數種檢查、抽出兩公升的胸腔積水、注射七種化療藥物中的其中三種（註：化學治療必須經過七種藥物的八個療程，每一個療程歷時三週），並被送入加護病房。這個時候艾妮塔開始進入後來她稱之為瀕死經驗的狀態。

二、艾妮塔結束瀕死經驗後突然大幅好轉：

二月三日晚上，艾妮塔甦醒後坐起身子，告訴家人她將會恢復健康。她與腫瘤科醫生談話時，醫生非常驚訝她竟然認得自己。

二月四日，艾妮塔要求拔除鼻胃管，她承諾醫生自己會把送進來的食物吃光以增加體重。她請家人把家裡的iPod帶來醫院。

二月五日醫生去看她的時候，她問醫生要不要「加入派對」；二月六日醫生同意讓她搬出加護病房。

這時她的頸部與臉部腫脹已大幅消腫，原本體積很大的淋巴結也開始變軟，她終於可以轉動頭部。第一個療程於二月中結束。他們請來整形外科醫生：

(一)為她的頸部淋巴結做切片。

(二)移植皮膚到她頸部與腋下的大膿瘡傷口。但他找不到需要檢查的淋巴結，所以在切片前先安排她接受超音波檢查；他打算同時進行皮膚移植手術。

三次超音波檢查都沒有發現任何有問題的淋巴結。二月二十七日，他還是從一處頸部淋巴結做了切片……完全沒有癌細胞。皮膚上的膿瘡也自動痊癒，不需要移植皮膚。

第二個療程結束後，腫瘤科醫生終於在三月九日同意讓她出院。三月十六日她在占美廚房餐廳慶祝生日，三月二十六日還參加了婚禮、跳舞、暢飲香檳……然後開始進行第三個療程。雙方都同意在結束六個療程後的七月二十四日，為她進行正子造影掃描……醫生宣告她已經痊癒，無須進行後續的兩個療程。

她的痊癒絕對「非比尋常」。根據我個人的經驗，以及其他幾位醫生的意見，她的迅速痊癒無法歸因於化學治療。從我們對癌細胞行為的了解，我推測有某種東西（非物質的……「訊息」？）關掉了突變基因，或是通知它們走向設定好的死亡之旅。我們不知道確切的機制為何，但不排除是細胞毒性藥物所導致的結果。

艾妮塔的經驗將會促使我繼續探索此一現象，並深入了解人類的真實本質。

參與研討會的人以醫生為主，尤其是當地教學醫院的腫瘤科教授。此外，也有一些人是我、柯醫師和其他教授邀請的來賓。柯醫師、沃克醫師和我受邀上廣播節目討論我的案例（報紙報導與電台訪問都放在我的個人網站上：www.anitamoorjani.com）。

我在研討會上認識了香港大學醫學系的教授，他們邀請我擔任系上行為研究的顧問，針對面對癌症與死亡的心理狀態與教授們討論並提出建議。我定期與醫學系的教授和學生進行座談，我非常喜歡做這件事。

柯醫師告訴我，有一些現象目前仍然難以解釋：

- 病歷上說我被送到醫院時，器官已停止運作，可是它們因為某種原因恢復了正常功能。柯醫師對於器官復原的原因深感好奇，他也注意到腫瘤科醫生在病歷上註明：已通知病患家屬。柯醫師認為這是醫生向家屬發出病危通知後寫下的備忘筆記。

・病歷證實我全身都有檸檬大小的腫瘤，從顱幹、頸部各處、腋下、胸部到腹部都有。但是短短幾天後，腫瘤的體積就縮小了百分之七十。他很好奇數十億癌細胞怎麼可能會消失得這麼快，更何況我的器官正在逐漸衰竭。

・我身上有開放性的膿瘡，病歷上記錄著我必須接受整形手術，因為我的身體沒有足夠的養分可以讓傷口自行復原，我入院時就已經嚴重營養不良且肌肉萎縮。醫生的筆記提到，要等我體力恢復後，再為我安排整形手術。可是，這些傷口在醫療團隊準備動手術之前，就已經全數自動痊癒了。

這些疑問都不脫一個重點，那也是柯醫師與其他人對自動痊癒最想了解的一點：**究竟是什麼東西按下了開關，讓垂死的身體轉為痊癒？**

對我自己來說，我已經有了答案……只是那已不在醫學領域中了。

13 瀕死經驗之後，學會用全新的眼睛看人生

出院後的頭幾個月，我實在樂瘋了，亢奮感持久不退。所有的人事物都如此美妙，就連最尋常不過的東西或事情都充滿了魅力。就連我家客廳中那些用了多年的家具，也有了全新的風貌。

出院回家後，我看到了那些木作品的美麗，也感受到了製作過程中的辛苦。開車這事也讓我覺得不可思議（因為癌症的關係，我已經八個月沒有開車了），我驚奇地發現我的手、眼、腿又恢復了協調能力，可以開車在大街小巷中穿梭。人類的身體與生命，在在讓我讚嘆。

幾個月過去了，我漸漸覺得必須為人生做一些有意義的事情。但是一想到我想要完成的事，還是感到不知如何著手，我甚至連個頭緒都沒有。這個世界跟四年前已經不一樣了，我花了四年的時間對抗癌症，所有的心思都放在生病

這件事上。我花了更多時間閱讀與研究，盡我所能地了解癌症。我的人生意義就是癌症與抗癌。甚至可以說，我對癌症的認同感勝於對人生的認同感。現在癌症消失了，接下來的人生，我該怎麼面對？

被宣判罹癌之前，我是個獨立自主的人。可是生病後，我對丹尼和家人變得極度依賴。現在我已恢復健康，大家又各自回到自己的崗位上。丹尼回去上班，母親跟哥哥也飛回印度，留下我一個人思考人生的方向。

我不認為自己還能回去原來的公司上班。我得了癌症沒多久就離職了，接替工作的人還是我親自面試的。因為對抗癌症，我已經四年沒有工作。就算現在想重回職場，想法也不同於以往了，因為我知道我已經不是原來的自己了。

我覺得自己好像跟身旁的人脫節了，說得更精確一點，應該是其他人跟我脫節了。就算我返回職場，也不知道自己想做什麼。一切都不一樣了。我覺得自己跟這個星球的人想法不同，也無法認同其他人的價值觀。

我的人生重心已經改變，不再嚮往上班族的生活，也不想聽命於任何人或為賺錢疲於工作。我不想認識新朋友，不想在下班後跟朋友出去放鬆一下，不想面對早上跟傍晚的尖峰時刻，不想通勤上班。自從有了瀕死經驗到現在，這是我第一次感到茫然……還有孤單。

討論日常瑣事，對我來說愈來愈困難。我的專注力似乎變短了，我發現自己的思緒會突然飄走，甚至有時跟朋友話說到一半也會這樣。我對政治與時事漠不關心，甚至對朋友的事情也毫無興趣。

可是，當我坐在沙灘上吃著冰淇淋的時候，卻可以專心看著夕陽西沉，彷彿第一次看到這可愛的世界。橘色的落日餘暉反射在水面上，腳底和腳趾間濕的沙子，這些都在在讓我感動，這是我以前從未有過的感受。香滑柔順的比利時巧克力冰淇淋刺激著我的味蕾，感覺就像第一次吃冰淇淋一樣！

不管是動物或小至昆蟲，我都能在萬事萬物中看到神性。我對大自然的濃厚興趣前所未有，甚至不會介意在身邊飛來飛去的蚊子。牠們也有生命，也值得尊重。雖然我不知道那是怎樣的一種生命，但我知道牠們的確跟我一樣，也是血肉之軀。

每天早上醒轉過來時，我都想重新探索這個世界。每天都是一場全新的冒險。我想走路、想開車、想到處探索，想坐在山丘和沙灘上，就只是為了體驗人生！我也對這個城市的環境感興趣，對這個城市產生全新的感情。我喜歡去市場，喜歡駐足觀看城市的風景，以及入夜後摩天大樓的霓虹天際線；連高效率的大眾交通系統都令我由衷佩服，連結香港各島嶼的跨海吊橋更讓我讚嘆連連。

每天都有無限的驚喜，我覺得自己宛如新生兒。二〇〇六年二月三日就是我誕生在這個世界的日子，只不過我已是個成年人了。

此外我還發現，跟老朋友一道吃午餐或喝咖啡，都已無法讓我產生共鳴了。大家都很想知道我的近況，但是大部分的朋友都無法體會這個經驗對我造成的影響有多深刻。社交場合會讓我感到焦躁、不耐煩，我沒辦法久坐，也不想討論繁瑣的俗事。

我覺得大家都不懂得欣賞生命的奇妙，他們不像我一樣對周遭環境感到好奇或興奮——他們只是活著。大家似乎被日常生活困住了，心思只放在接下來要做什麼事情上面。瀕死經驗之前的我，就是這個樣子。大家都被俗事困住，忘了如何活在當下。

更重要的是，我覺得自己正站在某個美好世界的門前，而這扇門即將打開。在瀕死經驗之後，我感受到更崇高的人生目標。然而，雖然我的內心如此興奮，感覺到一場偉大的探險之旅就擺在眼前，我卻不覺得有必要刻意去啟動它。**我只需要好好做自己，無所畏懼！**如此一來，我就能成為一種愛的媒介。我知道這對地球和人類來說，都是好事一件，而且人人都辦得到。

只要明白了這一點，所有的問題都會變得輕如鴻毛。我覺得大家都把人生和問題看得太嚴重了——以前的我也是這樣。以前的我，除了自己以外，也會因為別人的喜怒哀樂而受到影響。但是在瀕死經驗之後，我覺得能活著得到第二次表達自我的機會，是一件彌足珍貴的事。在這趟探險之旅中，我不想再浪費一分一秒。我要盡情做自己，品嘗生命的各種美妙滋味。

我不想再被繁瑣俗事、無聊的問題給絆住，擔心未來、金錢、工作或家庭瑣事，都不在我的人生規畫裡。這些事情此刻看來是如此微不足道，而我對眼前正在開展的偉大計畫卻信心滿滿。

樂趣、歡笑比什麼都重要，這樣的輕鬆自在前所未有，而這樣的我變得更愛笑了。所謂物以類聚，我也喜歡跟輕鬆、愛笑的人相處。

每次一聊到跟疾病、政治或死亡有關的話題，我的經驗總會讓我跟大家的觀點相左，所以我無法跟別人好好聊這些事情。我漸漸發現，我的評斷與辨別能力已經「受損」了。我無法在好與壞、對與錯之間畫出一條明確的界線，因為當我身處於瀕死經驗之際，我沒有受到任何評斷，只有同情與無條件的愛。我對自己與身邊的人依然抱持著這樣的感受。

所以，我發現自己對罪犯與恐怖份子就只有同情的感覺，對受害者也一樣。我以一種前所未有的方式，明白了會犯下如此暴行的人，心中必定充滿了困惑、挫折與痛苦，而且憎恨自己。一個有機會發揮自我又快樂的人，絕對不會做出這樣的事情，珍惜自我的人心中充滿了喜樂，他們會無條件地散播他們的愛。犯罪的人（在情緒上）一定生了病，才能做出那麼殘忍的事——像是得了另一種癌症。

可是這些「心理」罹癌的人，換來的卻是社會的無情批判與蔑視，幾乎得不到任何具體的協助來改善病情，所以病情只會不斷惡化。用這種方式來治療他們，社會的「癌細胞」只會不斷擴散。我可以預見人類一手打造的社會，無法療癒心理和生理的疾病。

這也表示，我已無法再用「我們」和「他們」的二分法來看待這個世界，我指的是「受害者」與「加害者」雙方。沒有所謂的「他們」，只有「我們」。我們都是一體的，而這個「整體」是我們透過自己的思想、行為與信念所創造出來的。即便是加害者，也是自我憎惡和痛苦下的受害者。

我對死亡的看法，當然也異於他人，所以我很難為逝去的親友哀悼。如果身邊有人過世了，我當然會悲傷，這是因為我會想念他們。但是我不再感到哀痛，因為我知道他們只是去了另一個國度，而且他們非常快樂！那個地方再也沒有悲傷。此外，我也知道死亡是一件完美的事，就跟所有的事物一樣，會恰如其分地編進偉大的織錦裡。

我的觀點已徹底改變，所以我發表意見時都會特別小心，不希望遭到誤解。我知道其他人很難了解人死後沒有審判這回事，就算是最凶殘的恐怖份子也不會。用比較世俗而現實的角度來說，假如我因為不認同某個宗教或文化而不遵循其規範，死後也不會受到任何審判。

除了丹尼之外，我也慢慢找到了幾個志同道合的朋友。我跟丹尼在一起非常安心，我知道他不會評斷我。這趟旅途，我的丈夫全程陪著我，他是極少數了解我的人。他耐心傾聽我的感受與想法，理解我重生後的各種情緒。

我經常需要找人談談這段經驗，試著理解到底發生了什麼事，好解開心中的疑惑。丹尼鼓勵我把想法寫下來，藉此抒發情感。於是我開始提筆，並養成了寫作的習慣。我寫網誌，也會在論壇上留言，而我發現寫作對我來說，是在這個新世界往前邁進的一帖良藥。

14 勇敢過我的人生，走自己的路

在我的社交圈裡，幾乎沒有人能夠接受或理解我現在的人生觀。現在的我，沒什麼好怕的。我不怕疾病、老去、死亡、金錢損失，什麼都不怕。當一個人連死都不怕了，也就沒什麼好怕的了。如果連最嚴重的情況都嚇不倒你，還要恐懼什麼？

不過，我也發現要回到原來的人生軌道並不容易，因為這個世界在我眼中已不再真實；另一個國度才是真實的世界。我之前說過，我難以理解為什麼大家把金錢與理財等世俗的一切，看得如此嚴重；明明身邊就有很多美好的事物可以欣賞、可以感激。

我也無法了解為什麼大家會為了賺錢而忽視其他事情，例如愛、感情、才華、創意、獨特性等等，寧願把時間花在連自己都不喜歡的工作上。我覺得這樣的人生觀大錯特錯，事情的輕重緩急與價值觀前後顛倒，一切顯得本末倒置了。我想以前的我可能也是這樣，我完全不想變回那樣的自己。

我心想，我知道自己絕對不會再為了錢去接受一份工作。我對工作與處事的要求已經和過去不一樣了。對我來說，人生與時間比金錢更珍貴。

至於丹尼，他陪我度過癌症與瀕臨死亡的強烈感受，也改變了他的人生觀。我生病之前，他在一家跨國企業負責亞洲區的業務和行銷。但是在這一段共同的經歷之後，這樣的工作顯得乏味又單調。我們都成長、改變了，也從中學到了許多！

丹尼一直想創業，現在我全力支持他。我鼓勵他實現夢想。在瀕死經驗之前，我根本不敢開口，因為覺得風險太大；萬一失敗了，我們要怎麼活下去？

但是現在，我的想法改變了，實現他的夢想、不讓人生留下遺憾更為重要。我鼓勵他放手一搏，開創他一直想要經營的事業：為學生與企業開發生涯評估工具。

先前丹尼為了照顧我而經常請假，被原先的公司解雇，這也讓轉換跑道自行創業的打算更容易進行。要是以前碰到這種事，我們一定會非常沮喪。但是在瀕死經驗之後，這只不過是宇宙為我們安排的人生過程之一。這是個機會，讓我們可以做更有趣的事情！

為了展開這場新冒險，我們必須大幅縮減開支。所以我們換了一間小點的房子，也減少了許多個人花費。我們搬到一個遠離香港鬧區的簡樸社區，就在中國邊界附近，遠離香港的印度人圈子，我們也趁此機會重新調整並評估自己的人生。這樣的生活跟過去截然不同，我們展開了新人生，一個全新的開始。

如果是過去，面對丹尼失業、縮減開支和搬離市區，一定會讓我充滿負面或悲觀的想法。我一定會惶惶不安。但是現在，因為有「**回去勇敢過妳的人生**」這句話，我知道一切都會順順利利。我從瀕死經驗帶回許多訊息，其中一個訊息是：我們都是一體的，我們的本質就是愛，我們是如此美好。這些訊息一直縈繞在我的腦海中。

我的父親和我最好的朋友索妮送給我這句話，因此只要一想起這句話，就好像聽見他們兩人的聲音；有時候是其中一人，有時候是兩人一起。對現在的我來說，每件事都是這偉大冒險的一小步，我的人生好像一張白紙般重新開始。

除此之外，瀕死經驗也讓我看事情的觀點從由外而內，變成由內而外。換句話說，我以前認為外在世界就是真實的世界，我被局限在世界範圍之內。這也是大部分人的想法。這種觀念等於把自己的力量交給外在世界，讓外在的力量來操控自己的行為、情緒與思想。我們以為情緒反應與情感都不夠真實，因為它們是無形的，只不過是我們對外在事件的種種反應而已。

在那樣的模式下，我成了外在事件的受害者，而不是自我人生的創造者。就連疾病也成了隨機「發生」在我身上的外在事件。

不過在瀕死經驗之後，我知道自己屬於一個偉大的整體，是其中神聖而不可或缺的一部分。這個整體包括宇宙裡的萬事萬物，也包括曾經存在與即將出現的萬事萬物，而且一切都是緊密連結的。我領悟到，我就在宇宙的中心，也知道我們所有人隨時都在發送出自己的觀點，所以每個人也各自構成這張宇宙大網絡的一個中心點。

時間一天天過去，丹尼跟我一起攜手打造全新的人生，而我也對生命的真相有了更具體的認識。雖然萬事萬物都存在於這張緊緊交織的大網絡上，每個人都是這張網絡的一份子；但是在某個特定的時間點上，我的織錦是由那個時間點之前的每一個思想、感覺、經驗、人際關係、情緒與事件所組成的。我可以增加經驗與感知，使自己的織錦更寬大；也可以限制經驗與感知，讓自己的織錦更狹小。我覺得自己好像或多或少可以選擇自己的觀察廣度。

只要有東西進入我的感知範圍，就會變成織錦的一部分。如果用我之前所說的倉庫來比喻，就等於我的手電筒照到了它。這代表它進入了我的信念系統裡，成了真實自我的一部分。

我知道自己的人生目標就是盡量擴大這張織錦，讓更多更美好的經驗進入我的人生。我努力挑戰極限，過去我覺得限制重重的事情，現在我都勇於嘗試。我開始質疑世人眼中所謂的真實，是否只是人為的觀念。我檢視並質疑過去被我視為負面或不可能的事情，尤其是會讓我心生恐懼或感到不妥的觀念。

為什麼我會如此相信？我問自己，是受到文化與社會的影響嗎？過去可能

曾經適用在我身上，但是現在呢？我是否應該繼續相信小時候被灌輸的觀念？

也許在某些情況下，甚至在許多情況下，答案都是否定的。

比如說，我從小就被灌輸身為女人應該順從，武斷、堅強或位高權重的女性都會受到批判，因為女人的主要角色就是扮演好賢妻良母。而我從未符合此項標準。

我一輩子都在自我批判，也因為無法達到這些期待而譴責自己。我一直覺得有所不足。但是在瀕死經驗之後，我了解到這些都是人為的社會標準。

我以前也相信自己的心靈不夠聖潔，必須在信仰方面多加努力。但是現在我知道無論你信奉哪個宗教，都擁有最聖潔的心靈。我們不可能變成別人，因為我們就是自己——一種靈性的存在。只是我們還不知道而已。

我了解到想要找到真正的喜樂與幸福，就一定要愛自己，要往內尋找，追隨內心的聲音，做會讓自己快樂的事。

我發現一旦人生失去目標、茫然失措的時候（我依然經常有這種感覺），就表示失去了自我意識，沒能與真正的自己與來到這世界的目的銜接。通常會出現這種情況，都是因為我沒有聆聽內心的聲音而受到外在世界的左右，例如電視廣告、報章雜誌、藥商廣告、親朋好友、文化與社會信仰等等。

以前當我感到茫然時，會立刻向外尋求答案。我會看書、請教老師或精神導師，希望他們能給我一勞永逸的解決方法。我罹患癌症時，就是這麼做。但是這麼做只會讓我更加慌張，因為我一而再、再而三地把主控權交給別人。

我發現使用由內而外的觀點，表示我對來自內在的指引充滿信心，彷彿我的感受會對我的宇宙產生重大影響。換句話說，因為我是自己的宇宙中心，所以我擁有影響整體的能力。對我而言，只要我快樂，宇宙也會快樂。我愛自己，其他人才會愛我。我感到平靜，其他生物也會感到平靜，以此類推。

碰到棘手的狀況，與其試著用外力去改變（瀕死經驗之前的我就是這樣），不如往自己的內在去尋找答案。當壓力、焦慮、不快樂等負面情緒來襲時，我會先處理內在問題，一個人安靜地坐下來，或到大自然裡散散步，或是聽音樂，直到在心裡找到一個平靜又安詳的中心位置。我發現只要這麼做，外在世界也會隨之改變，許多障礙就這樣慢慢消失，而我其實什麼事也沒做。

上面所說的「中心位置」，指的就是我的宇宙網絡中心，我清楚意識到自己就在這裡。這是我們唯一的真實所在，必須用心去感受。

有時候我會忘記自己就是宇宙的中心，而受困在俗世的喧鬧、衝突、擔憂與痛苦之中，看不見那個遼闊、美好、廣大無邊的自己，那才是我們真實的身分。

幸好在這樣的時刻裡，我知道我們從來不曾真正脫離中心。我們只是暫時看不見它，所以感受不到來自它的平靜及喜樂。我們陷在分離的錯覺裡，看不清快樂與悲傷其實是一體兩面，就像光明與黑暗、陰與陽。這種分離感只是一體兩面的錯覺，使我們看不到由認知中的分離所組成的整體。回到中心位置，意味著能夠看穿一切錯覺，再次從一切的中心（整體的中心）去感受無邊無際、不可限量的自己。

在內心深處，我們依然知道我們都是宇宙整體的一份子。因此雖然現在的我住在血肉之軀裡，無論是否有所察覺，我的位置始終都在宇宙網絡的中心！也就是說，我了解自己是美好的，也知道自己與永恆之間的連結。

這幾年下來，我愈來愈常把這樣的覺知付諸實踐。有時候，在諸事纏身有待馬上解決的當下，要暫時放下一切回到中心位置，也許會有浪擲時間之嫌；但是如果只處理表面問題，反而會欲速則不達。一直到今天，如果只用世俗方法來解決問題，同樣會讓我覺得受挫、有壓力，就像泥足深陷，舉步維艱。

然而，一旦我不理會別人的想法，暫時停下腳步回到中心位置，就能與整體連結，感受到平靜與快樂，許多巨大的絆腳石都會自動消失。回到中心位置，讓我的思緒特別清明，許多挑戰都能迎刃而解。

我發現這是我處理人生難題最有效的方式，比起只處理外在問題更為有用。這是瀕死經驗帶給我的直接影響，當我知道我也是宇宙織錦的一份子時，只要注視自己的內心就能觸碰到整個宇宙。

瀕死經驗過後的這幾年，我對外在世界的需求也漸漸改弦易轍。我發現我更喜歡接近大自然，尤其是大海，那會讓我覺得最舒適自在。就像剛出院時的那種奇妙感覺，我發現只要看著海浪、聽著潮聲，就能立刻回到瀕死經驗時的安詳狀態。

我那些親近的朋友與家人也開始改變自己，這讓我很開心。聽起來或許有點玄，但是在我體驗過瀕死經驗後，很多人都說在我身邊可以感受到能量的轉換。我很少公開說這件事，因為我相信這種改變源於自己的內在。也許我只是反射出他們早已決定要去開創的經驗。

我的經驗也使我深深相信，每個人都有自我療癒與助人療癒的能力。當我們觸碰到內在浩瀚無邊的整體時，疾病就會離開身體。由於每個人都緊緊相連在一起，所以每個人的健康狀態當然也會互相影響，你可以提升別人的健康，也可以幫助別人康復。在我們療癒別人的同時，其實也在療癒自己和地球。我們與整體之間的阻礙，僅存在我們的心裡。

我的生活起伏不定，有時必須很努力才能回到中心位置。家事、付帳單這些日常瑣事我躲不掉，但在瀕死經驗之後，我變得很難專心處理這些小事。但是我總能找到自己在宇宙中的位置，感受到靈魂深處的那句話：**回去勇敢過妳的人生！**

此外，我也交了一些新朋友（包括一位教我了解和處理瀕死經驗的朋友），但同時我也似乎很難跟某些舊朋友恢復往日的感情。我不再像過去一樣善於交際，也不喜歡交際了。我以前有很多朋友，但是現在我只讓極少數的朋友走進我的私人生活圈子，其中不少人是我這幾年透過瀕死經驗團體所認識的新朋友。我們幾個感情非常好，有些人跟我有過類似的經驗。

我依然為我的家人盡心盡力付出，他們在我需要的時候陪我一起度過人生危機，我們感情深厚。我很難對其他人產生同樣的親近感。

我不是刻意遺世獨立，我還是會出去接觸人群，但我更喜歡透過寫作與文化講師（cultural trainer）的工作來幫助別人獲得更大的領悟。在下一章，我將會說明在這場大冒險中，順其自然以及做自己，如何對我產生巨大的影響。

15 在無限的可能性中，療癒只是起點

此刻你拿在手裡的這本書，是順其自然發揮作用的最佳證據。我想告訴大家，如果不是發生一連串的事情，這本書就沒有機會問世。

經歷瀕死經驗與癌症痊癒之後，我很興奮，恨不得把我知道的事情大聲昭告天下！我希望大家都能知道發生在我身上的事情，感受得到我的感覺。但是我同時也感到惶恐，不敢坦率分享這段經歷，不敢把它公然付諸文字或引來大家的關注。我還沒準備好應付公開後，外界無可避免的眼光與檢視。

在生命的循環中，很多事是一體兩面，有陰就有陽。儘管我擔心世人難以接受我的故事，卻有個聲音告訴我一定要讓更多人知道。我渴望把故事傳出去，卻又覺得要有所保留。我知道當正確時機到來，也就是當我做好準備時，一切就會水到渠成，就像我在瀕死經驗中所感受到的一樣。

在此同時，我只要依照瀕死經驗中所得到的領悟過日子。我忠於自己的本性，用最快樂的方式生活，不浪費自己絲毫的福氣，因為我的確是個有福之人。我很確定一件事，那就是準備好聆聽或需要聆聽我的訊息的人，一定會主動找來。至於我的訊息會自動傳到多遠的地方，我只能說我對各種可能性都抱持開放的態度。基本上，在這方面我一直順其自然、不強求，但我沒料到後來所發生的事……

二〇一一年三月，我前往阿拉伯聯合大公國去見我的童年好友桑妮塔，她剛剛開了一間綜合健身中心，所以邀請我去杜拜跟一群觀眾分享我的故事。我心情很好，因為過程極為順利。我本來還擔心他們能否接納我，因此他們的正面反應讓我大感驚喜。事實上，這趟旅程似乎啟動了一個內在開關，我覺得自己終於準備好要跟更多人分享我的故事。

瀕死經驗發生之後，這是我第一次在演講場合感受到一種內在的轉變，而且這轉變也影響了在場的每個人。在我眼前上演的療癒奇蹟讓我敬畏，聽眾從我的經驗中汲取各自需要的東西，每個人都有非常強烈的感受。

我再次體認到，其他人的確需要知道我的這段經驗！我發現自己過得太封閉，沒有釋放出真正的自己。我再度因為恐懼及不安而隱藏了真實的自我。這次來到杜拜，我再次感受到那個廣大又美好的自己。我已經做好準備，可以迎接任何人生挑戰。在杜拜演講時，我拋開一切顧慮，勇敢地跟觀眾分享我的故事，雖然事前我不知道他們是否能夠接受。但我願意承擔未知的結果，也對不確定的未來深具信心。

在這之前，我以為我的瀕死經驗只是對我自己有意義，雖然我帶回要跟世人分享的訊息，但是療癒的力量只會對我發揮效用。我不確定我的故事是否也對其他人有用，這也是我遲遲不敢說出這段經歷的部分原因。然而，在杜拜演講的那一天改變了這一切。

當我看到聽眾的反應及轉變時，我才恍然大悟，原來罹癌與後來的痊癒都是為了這個星球。如果我們同屬一體，發生在我身上的事也同時發生在每個人身上；發生在我身上的事也同時在整個宇宙發生。我明白了自己之所以生病，之所以選擇重返人世，就是為了成為一個療癒他人的工具：不只是身體上的療癒，更重要的是情緒上的療癒，因為感情才是現實世界背後真正的推手。

先前我認為癌症的療癒就是這趟旅程的高峰，畢竟這件事在當時可說是我人生的頂點、故事的結局。可是等我到了杜拜才發現，痊癒只是起點。這是更偉大計畫中全新的一章，我所要做的就是走入不確定的未來。

跟先前一樣，我知道我不用刻意去做任何事，**只要我願意讓它發生，一切就會水到渠成。當時我心想，放馬過來吧！無論是任何挑戰，我都願意接受！我全都明白了！**

我在杜拜待了一星期。三月十六日，我起床打開電郵信箱，想看看親朋好友寄來的生日祝福。沒想到竟然收到一封 Hay House 出版社編輯助理的來信，信上說：「偉恩．戴爾博士看了妳的瀕死經驗後，就成了妳的粉絲。如果妳有興趣把自己的故事寫成書，Hay House 很樂意與妳合作並出版這本書。」

讀這封信時，我激動地流下眼淚。這真是出人意料的生日驚喜！也讓我更加確認前一天演講時的感受！

其實我早已動筆寫書，也想過出版的相關事宜，但是對我來說，總感覺出版社遙不可及。而且直到昨天以前，我根本還沒做好向更多人介紹這段經歷的心理準備。

不過這幾個月下來，有很多人問過我是否打算把瀕死經驗付梓成冊。每當我回答有此打算時，對方就會問我是否已跟出版社接洽，答案當然是還沒。

接下來多數人的反應都是：「雖然妳的故事很精彩，但是要找到願意看書稿的出版社非常困難。這種心靈書籍坊間太多了，說不定他們連看都不想看。妳要做好一再被拒絕的心理準備。」

還有人說：「妳需要找個作家經紀，讓他們把書稿直接送到出版社。不是作家經紀送來的稿子，出版社根本不屑一顧。」或是「妳最好自費出版，這樣簡單多了！」

我給他們的回答一律都是：「我還沒打算主動去找出版社，或是苦苦哀求別人幫我出書。我的故事會照自己的步調散播，如果本來就該傳遍大街小巷，那麼宇宙就會發揮力量，達成目標。」

當時我也曾向幾位朋友提過，在這麼多出版社中，我最希望能由 Hay House 出版我的書，因為這是他們最擅長的主題，而且我很喜歡他們的作者。我看了他們的網站，發現他們的確只收作家經紀送去的書稿。可是我連怎麼找作家經紀都不知道，所以我只好暫時放下這個想法，繼續平常的生活。

我之前說過，在瀕死經驗發生後，我一直感受到人生有更偉大的目標。就算在我的人生看似沒有特定方向的時候，也有一股力量指引著我。我依然對瀕死經驗中所體會到的感受深信不疑，也知道一切都會按部就班、水到渠成。收到 Hay House 的電郵證實了我一路以來的感覺正確無誤。

我的答覆當然是：「好！好！好！」我甚至告訴編輯助理當天是我生日，這是一份最棒的生日禮物！

幾天後我回到香港，收到老友維若妮卡的訊息。她說她聽了偉恩．戴爾的廣播節目，他提到了我和我的瀕死經驗。她說偉恩連續幾星期都在節目中提到我，所以我上了 Hay House 的廣播網站，進入檔案庫裡收聽之前的節目。天啊，偉恩真的每星期都在討論我的事！聽到他向這麼多聽眾說起我的經歷，我當然很興奮。

不久後，我決定給偉恩一個驚喜，打電話去他接受觀眾 call-in 的直播節目。因為時差關係，他的節目播出時間是香港的早上四點。我把鬧鐘設定在三點半，起床上網點選他的節目頻道，然後就開始打電話。頭幾通都是忙線中，所幸最後還是接通了——當時還不到四點呢！

接電話的人問我叫什麼名字，從哪裡打電話，然後就請我不要掛斷電話。節目開始了，在平常的開場結束後，偉恩的製作人黛安．雷伊（Diane Ray）說：「有一個香港的聽眾打電話進來，先接這通電話怎麼樣？」聽見她這麼說，我的心跳漏了一拍（我後來才知道，要打電話進偉恩的廣播節目難如登天）。

我的電話還沒轉接過去，偉恩就已開口說：「天啊，我想我知道這位聽眾是誰了，真的是那個人嗎？」

「嗨，我是艾妮塔。」我說。

「天啊，是瀕死經驗的艾妮塔！妳能上節目，我實在太興奮了！」他發出驚呼。「黛安，可以暫停接聽其他電話嗎？我今天想跟艾妮塔好好聊一聊。」他請我在節目上分享自己的故事。

節目結束後，偉恩請我不要掛斷電話。我們又繼續聊了很久，他說如果我願意，他很希望能為我的書寫序。

我心想，如果我願意——你在開玩笑嗎？我超激動的！

偉恩說他把我在網路上的瀕死經驗文章都列印了出來，大概有二十一頁。他複印了四十份左右，分送給親朋好友。他也拿了一份給母親看，他的母親從我的故事獲得很大的慰藉。他還說他在最新的著作《願望成真》一書中，曾多次引述了我的故事。

我腦中只有一個想法，這是真的嗎？偉恩．戴爾在自己的新書中引述了我的故事？

我們交換了聯絡方式，偉恩說我隨時都可以打電話給他。

我的心中充滿喜樂！接下來幾天整個人輕飄飄的，吃不下也睡不著，心臟怦怦跳個不停。有件偉大的事即將發生，我知道這對我來說將是一場毅力大考驗；而我所必須做的就是好好做自己、享受過程，讓一切自然發生。

接下來幾個星期，我跟偉恩經常在電話上討論寫作內容與方向，他還把他寫的感人前言念給我聽，我感動得熱淚盈眶。這些事情很容易觸動我的心，因為我在瀕死經驗中看見的景象竟然在我眼前逐漸展開。在我們討論的過程中，偉恩說他第一次看完我的故事時，並不是**請** Hay House 來找我，而是叫他們**務必**找到我；還有如果我打算寫書，他們**一定**要出版！

你應該能想像這件事帶給我多大的震撼，我問他如何得知我的瀕死經驗。他說是米拉．凱利（Mira Kelley）告訴他的，這位女士住在紐約；他透過電郵介紹我們兩個認識。我跟米拉開始通信及通電話，她提到了許多不可思議的小事，環環相扣之下才讓偉恩在正確時機得知我的瀕死經驗。

偉恩沒有上網閒逛的習慣，也不喜歡用電腦看長篇大論的文章，所以他絕不可能無意間看到我的故事。

不如讓米拉親自來說明吧：

二〇一一年一月十一日，有個朋友告訴我偉恩．戴爾要帶一群人去歐洲進行「體驗奇蹟」（Experiencing the Miraculous）之旅。我立刻注意到奇蹟這個詞。我知道偉恩得了血癌，所以聽見奇蹟二字使我明白他已準備迎接奇蹟。

我一開始本來不想跟偉恩聯絡，但是很想找他聊一聊的感覺揮之不去，而且愈來愈強烈。我告訴自己，如果我注定要扮演上帝的工具，就應該讓必須發生的奇蹟發生。幾天後，我寫了一封信給偉恩。

一個月後他打電話給我，當時我已經把這件事忘得一乾二淨。我們簡短地談了一下，就在即將掛電話之際，我突然打斷他。連我自己都嚇一跳，因為我說我想寄一篇東西給他，請他一定要看看。他立刻把傳真號碼告訴我。

那篇「東西」就是艾妮塔的瀕死經驗，我前一天才收到這篇文章，來自一個經常轉寄心靈主題的電郵群組。轉寄這封信給我的人特別標出所有時間都是同時存在的段落，我會注意到是因為這跟我的靈魂回溯工作（regression work）有關。艾妮塔的故事給我一種奇妙的感覺，讓我跟心靈共鳴緊密結合在一起。

我們掛上電話後，我心中再次浮現出**為什麼？為什麼我非要把艾妮塔的故事告訴偉恩？**

當時我能想到的唯一解釋是，她的故事完全道出我的信念和我想說的話。我把艾妮塔的故事傳給偉恩，等於是在告訴他：「我知道你可以立刻被治癒。這並非不可能，只要你選擇相信自己可以恢復健康就行了，我可以幫你把這個想法化為現實。」與其長篇大論地跟偉恩討論，不如直接把艾妮塔簡潔有力的文字拿給他看。

現在我才明白還有第二個原因。艾妮塔啟發人心的故事終將傳至全球，而我也是這過程中的一部分。時機搭配得天衣無縫。要是我早點收到那封電郵，一定老早就把它拋諸腦後，也不會想到要傳給偉恩看。要是晚點收到，我根本不會特別注意。如此巧妙的時機提醒了我們，萬事萬物都在同一個永恆的時刻進行著，就像艾妮塔在瀕死經驗中所發現的感受一樣。

偉恩跟我同意做一場靈魂回溯，於是我飛到茂宜島（Maui）去找他。我在四月十五日抵達偉恩家，當時他正在講電話。掛上電話後，他說他剛才在跟Hay House通電話，他們願意出版艾妮塔的書。他的熱情告訴我，他已經準備好接受屬於他自己的奇蹟。他的靈魂回溯過程非常強烈，我跟他一樣相信，他的血癌已經痊癒了。

我重新打開有艾妮塔故事的那封電郵，發現我不認識寄件人。那是一位住在羅馬尼亞康士坦查（Constanta）的工程師，名字是奧吉安．祖克非（Ozgian Zulchefil）。我把他在這個驚人過程中所扮演的角色告訴他，他說他很慶幸也很高興我把這件事告訴他，不過他已經忘記是在哪裡找到艾妮塔的瀕死經驗。他說這件事證實了我們的言行時時刻刻都在影響著彼此，甚至在我們不知情的情況之下。因此，他認為「人生的每個時刻都要抱持愉快、正面的態度，就算你找不到這麼做的理由也不要放棄。」這些話讓我發出會心一笑。

幾天前，我收到一封電郵，建議我看一場啟發人心的訪問。受訪者叫做艾妮塔・穆札尼，她的癌症在瀕死經驗後奇蹟似地痊癒了。我很激動，因為我記得偉恩跟我都認為我們兩個人所扮演的角色，就是讓艾妮塔充滿力量的愛的訊息能夠影響並鼓舞千千萬萬人。這封電郵證實這個循環已然完成。於此同時，艾妮塔的訊息也幫助推動偉恩的療癒。

我讓聖靈透過我而行動，並得以用一種我從未想像過的方式成為上帝手中的工具。

米拉的故事更加證明了每個人都是永恆宇宙裡獨特而不可或缺的一面。我們每個人都是組成這張偉大織錦的一部分，而這張織錦不斷展開，持續療癒著我們的星球。我們唯一的義務就是忠於真實的自己，凡事順其自然、不強求。

當我回顧自己的一生，明顯地發現我走過的每一步路（瀕死經驗之前與之後的路，包括我視為正面及負面的事件）最終都對我有益，指引我一路走到今天。此外，另一件事也很明顯，那就是宇宙只會把我已經準備好接受的事情交給我，而且是只有在我已經做好準備的**時刻**。在這段歷程中，我對成名的惶恐不安逐漸減緩，就在焦慮消失的那一刻，我就收到了宇宙透過Hay House電郵所傳達的確認。我可以允許或拒絕某件事進入我的人生！

此刻你正在閱讀的這本書，就是最新的證明。如果換一個成長環境，如果在人生一路走來的歷程中，我用不同的方式看待自己、做出回應，我很可能不會得癌症。如果沒有得癌症，就不會有瀕死經驗，也表示我不會得到與世界分享的特殊願景。如果其中缺少了任何一個步驟，可能就會有不同的結果。

我相信療癒或找到偉大的人生目標，不一定非得透過如此極端的瀕死經驗，而現在我了解我的人生道路引導我成為現在的自己。在我們做好準備的時候，一切都會水到渠成。

我現在才真正明白，當我來到宇宙的中心時，時間與距離都變得不重要了，你能感受到自己是如此美好，也能感受到與萬事萬物之間的連結。如果你曾在熟睡後做過複雜的夢，夢境以電鈴或電話鈴聲結束，就在此時你也被真實的電鈴或電話鈴聲吵醒，那麼你就曾經經歷過永恆。即便鈴聲是在你醒來前幾秒響起，但感覺就像是整個夢境都環繞在那最後一刻。

當你真正了解你**與萬事萬物同屬一體**時，人生就會變成這個樣子。時間與空間都失去了意義。比如說，我在最適當的時機收到 Hay House 的電郵，但是在這之前偉恩．戴爾那一端也發生了連串事件，才讓我最後有機會收到電郵。

我也想說的是，在我的瀕死經驗之後，我的人生變得更順利。我不再害怕死亡、癌症、意外或任何過去擔心的瑣事，我只想進入更寬廣的世界！我學會相信有無限可能性的自己，也學會相信自己的智慧。我知道我跟世上的每一個人，都是強大、美好、無私的一種愛的力量。

這股能量渾身上下地包圍著我，跟我沒有兩樣。事實上，這就是我的真實本質。相信它就等於相信我自己。只要好好做自己，它就會指引我、守護我，提供給我追尋最終幸福所需要的一切。我只需要讓自己成為美好的愛，讓對生命長期利益最有幫助的事件一一發生。

我不去猜想結果，全然相信一切都會順利達成。做自己，讓美好的能量指引我到對我及其他人最有益的方向。這就是我必須做的唯一一件事。在這個架構下，真正屬於我的，都會輕鬆地走入我的生命，以最奇妙、最出乎意料的方式，每天展現出我之所以為我的力量與愛。

第三部

我所領悟到的事

16 拋開恐懼，才是我復活的關鍵

我在瀕死經驗中對生命有了透徹的了解，每次跟大家分享我的故事時，最多人問我的問題就是：妳為什麼會得癌症？其實我能了解為什麼多數人對這個問題最感興趣！

但是在我討論這個問題之前，我想先針對這個問題的危險性提出警告。其中一項危險是：這可能會讓那些沒能痊癒或正在承受癌症等疾病之苦的人，聽起來像是「次等」人。但，**絕對不是如此！**

我傳達的訊息聽起來太過簡化，確實會讓某些人感到沮喪，尤其是對正在受苦的人或他們的親友。這正是語言最大的毛病——有時候，文字造成的傷害遠過於它的貢獻。我想強調的是，癌症或其他疾病的患者同樣都是美好的人，他們之所以生病，原因各自根存於每個人的生命歷程之中，可能跟他們各自的人生目的有關。我知道我之所以變成現在的自己，癌症是其中的一項原因。無論我選擇生或死，都不會減損我的美好。

我知道有人不贊同我對療癒的說法，這真的無所謂。我只是說出自己的感受，並且希望我說的話能夠幫助到人。

就像我先前說過的，最多人問我的問題就是我為什麼會得癌症。我可以用兩個字總結出答案——**恐懼**。

我在害怕什麼？幾乎是每件事都讓我害怕，失敗、被討厭、讓人失望或是怕自己不夠好。我也害怕生病，尤其害怕癌症與癌症的治療方式。我害怕活著，也害怕死去。

恐懼非常微妙，會趁你不注意時偷偷爬進你的心裡。現在回想起來，我發現多數人從小就被灌輸恐懼的觀念，我不相信這是人的本性。

我相信**我們現在的狀態都是自己造成的**，只是我們不自覺而已！我們在初初進入這個世界時，都相信自己是美好的，但是不知道為什麼，隨著我們漸漸長大，世界似乎會腐蝕這份美好。

一開始可能不明顯，只是一點點焦慮，害怕自己不受人喜歡或表現不夠好；或許是因為我們長得跟別人不太一樣，不是來自同一個種族，或是太高、太矮、太胖或太瘦。我們非常渴望能融入團體之中，成為團體的一份子。印象中，從來沒有人鼓勵我做真正的自己或忠於自己的想法，也沒有人告訴我與眾不同沒有錯。我只記得腦海中有個不認同的細微聲音，一直揮之不去。

我習慣討好別人，害怕被否定，無論是為了什麼原因。我盡力討好，只為了不想讓別人對我有負面觀感；這樣的我漸漸失去了自我。我完全忘了自己是誰或我想要什麼，因為我所做的每件事都是為了獲得別人認可——任何人的認可，除了自己。

事實上，在我生病的前幾年，如果有人問起我的人生目標是什麼，我一定會說不知道。我被文化規範困住，只想努力成為別人期待中的那個人，以至於我根本不知道什麼對自己才是最重要的。

在我的好友索妮與丹尼妹夫相繼罹患癌症之後，我開始對癌症戒慎恐懼。

我覺得連他們也無法避免，這表示任何人都有可能得癌症，於是我開始竭盡所能地躲避癌症。然而，預防癌症的資料看得愈多，我反而愈有理由感到害怕。好像所有東西都會導致癌症，環境裡無處不在的病原體、食物、微波爐、塑膠容器、防腐劑、手機——這些東西都可能致癌。致癌物品的清單列也列不完。

我不但怕癌症，也怕癌症的治療方式——化療。我先前提過索妮在化療過程中慢慢死去，這件事更是加深了我的恐懼。

我發現自己不但怕死，也害怕活著。我幾乎成了恐懼的囚犯。我的人生經驗愈來愈狹隘，因為對我來說這世界充滿了危險。然後，我也得了癌症。

儘管表面上的我看似積極抗癌，實際上我把癌症視為死刑。我像行屍走肉一樣做著該做的事，但是在我的內心深處，一直覺得自己一定會死。而我非常非常害怕死亡。

研究人員常說他們「正在努力尋找治癒癌症的方法」，在我聽來，這句話表示目前癌症依然無藥可醫。這似乎是廣為接受的事實，至少在傳統醫學界是如此。醫生說正統醫療是唯一的辦法，但是醫界卻坦承癌症無藥可醫，光是這一點就足以讓我打從心底感到恐懼。只要聽到癌症我就害怕，科學無法解決這個問題，更讓我確信自己存活無望。

我依然盡最大的努力抗癌，但病情還是日益惡化。雖然多數親朋好友都勸我不要選擇另類療法，但是我覺得使用正統醫療的結果只有一死。除了正統醫療，其他方式我都嘗試過；就像我先前提過的，我辭掉了工作，花了整整四年專心抗癌。

我試過信心療法、祈禱、冥想、能量療法。我讀過每一本討論癌症的書，仔細推敲每一句關於癌症的描述。我還試過寬恕療法，寬恕我認識的每個人——然後再寬恕他們一次。我遠赴印度和中國，尋找佛教僧侶、印度瑜伽老師與啟蒙大師，希望他們能幫我找到答案、獲得療癒。我試過吃全素、在山頂冥想、瑜伽、阿育吠陀脈輪平衡、中醫草藥、生命能量療法和氣功。

儘管如此，癌症還是控制不住。我不斷嘗試各種療法，用盡一切辦法求生，健康卻還是每況愈下，我的心智也陷入一片混亂。我在前面提過，到後來我的身體漸漸無法吸收營養，肌肉也萎縮到無法走路。輪椅成了我唯一的行動方式，我的頭像一顆超大的保齡球掛在脖子上，呼吸必須依賴攜帶式氧氣筒，片刻不能離身。在我入睡後，我的先生徹夜不敢闔眼，深怕我會停止呼吸。母親也來幫忙照顧無法自理的我。大家都很不好受，除了自己的痛苦，我也能感受到親人的痛苦。

我無法形容當時那種日日與恐懼為伴的心情，隨著健康惡化，我早已命懸一線了。我參加心靈療癒團體，因為有人說這是我唯一的選擇。我也聽到有人說眼前的世界，只不過是一種幻覺。

我變得更加沮喪、害怕，我問自己：**我怎麼會做這樣的選擇？我該如何改變選擇？如果這只是幻象，為什麼感覺如此真實？如果上帝真能聽見每個人的禱告，祂為什麼聽不見我的禱告？**我這麼努力，寬恕、淨化、療癒、祈禱和冥想，所有能做的，我都沒有放過。我實在不明白，這樣的事為何會發生在我身上。

最後我終於撐不下去了，決定放棄。那是一種內在的徹底釋放。癌症已蹂躪我的身體四年多，我衰弱到無法繼續苦撐，於是我投降了。我好累。我知道下一步就是死亡，我終於走到心甘情願面對死亡的那一步了。任何狀態都比現在的狀態好。

就在這個時候我陷入昏迷，器官也開始停止運作。我知道親人和我走過的這一段路痛苦到極點，所以我一心求死。

身體停擺之後，我進入另一個國度；我看見自己是如此美好，因為我沒有被恐懼嚇到變形。我察覺到一股力量，而且我可以進入到那股力量之中。

當我一放棄對俗世的眷戀，不費吹灰之力就進入了另一個國度，不需要祈禱、誦經、引述經文，不需要尋求救贖、寬恕或其他方法。死亡比較像什麼事都不做，就好像對著某個對象說：「好吧，我已經山窮水盡了。我投降，帶我走吧。你要對我怎麼樣都隨便，我任你擺布。」

在另一個國度處於清明狀態下的自己，出於本能地知道我會死都源於恐懼。我沒能展現真實的自己，因為我總是有太多的擔心。我明白癌症不是懲罰、不是報應，它是我自己的能量以癌症方式具體表現出來，因為我的恐懼阻止我表達出那個美好的自己，而這才是我應該做的事。

在那個無邊無際的狀態中，我發現我這一生對自己太嚴格，不停鞭撻自己。根本沒有人在懲罰我，我終於明白我沒能原諒的人是我自己，我遺棄了我自己，我不夠愛自己。這件事跟其他人一點關係也沒有。

我發現自己是美麗的宇宙之子，只因為我存在，就值得獲得無條件的愛。我知道自己什麼都不需要做，就能得到這份愛——不用祈禱、乞求或做任何事。我從未如此愛過自己、珍惜自己或看見自己靈魂的美麗，即便這樣的美好一直就在我眼前，卻被俗世硬生生過濾掉或甚至腐蝕掉。

這層領悟讓我了解我不用再害怕了。我發現我自己及我們所有人，都可以達到的境界。所以我做了一個深具影響力的決定：返回俗世。我在被喚醒的狀態下做了這個決定，而這個決定也是推動我回來的最大力量。當我在血肉之軀裡再度甦醒過來時，我知道我身上的每個細胞都會對這個決定有所回應，所以我早已知道我即將痊癒。

在醫院醒來之後，我知道接下來的一切檢查、切片、藥物等治療，都只是為了滿足身邊的人。雖然有許多過程極為痛苦，但是我知道我一定會好轉。那個美好而永恆的我，決定透過這具身體繼續生活與表達，世界上沒有任何一件事能夠影響這個決定。

我想說明的是，我的痊癒並非來自心態或信念的轉變，而是因為我終於願意讓真正的自己發光發熱。許多人問我是不是正面思考讓我恢復了健康，答案是否定的。我的瀕死經驗狀態超越心智，我之所以痊癒，是因為我把有害的思想完全拋開了。

我不是處在一種思想的狀態，而是存在的狀態。那是最純粹的意識，我稱之為「美好」！萬物一體的狀態超越二分法。我可以觸碰到真實的自己，那是擁抱整體、一個永恆且無可限量的我。這絕對不是意志力戰勝一切的例子。

我不主張透過「相信」的力量，來消除疾病或創造理想的人生。有時候，這種說法顯得太過簡化。我比較注重自我覺知，這兩者是不一樣的。緊握住已經無用的信念，可能會把我們鎖在非黑即白的二分法裡面，讓我們時時處於評判的狀態中。我們認同的事就是「好」或「正面」的，而不認同的就完全相反。

這也讓我們在面對不同信念的人時，往往會採取一種不得不捍衛自己的立場。一旦花太多精力用來捍衛自己，就會變得更加難以放手，就算你所緊握的觀念已經不再適用。這時候信念就會變成我們的主宰，而我們成了奴隸。

另一方面，覺知的意思是毫無偏見地了解什麼是存在的、可能的。覺知不需要捍衛，它會隨著成長而擴大，可以變得無所不包、無所不容，帶領我們靠近萬物一體的狀態。奇蹟就是這樣出現的。相反的，信念只接受我們認為可靠的事，把其他的可能都排除在外。

所以我的答案是「不」，我的痊癒不是因為信念。我的瀕死經驗是一種純粹的覺知狀態，是一種完全拋開過去的教條與成見的狀態。這種狀態讓我身體自行「重設」。換句話說，唯有拋開信念才能讓我痊癒。

當我徹底放棄強烈的求生渴望時，我體驗了死亡。在垂死的過程中，我發現我的時候未到。當我願意放棄自己的想望時，我得到了真正屬於我的東西。我明白，這是最棒的禮物。

瀕死經驗發生之後，我知道強烈的意識形態對我無益。靠著具體的信念過日子會限制我的經驗，因為它把我關在自己熟悉的國度裡，我的所見所聞是如此有限。如果我把自己限制在想像力的範圍裡，就等於限制了自己的潛能，也限制了生命的無限可能。但如果我能接受自己的理解可能不完整，如果我能接受未知，就會窺見一個無限可能的國度。

在瀕死經驗發生後，我發現當我能夠放手，當我能夠拋開我相信與不相信的事情，當我能夠敞開自己接受**所有**可能的時候，才能變成最強的自己。而且這時候，我的內在才能夠感受到最澄澈的清明狀態與同時性。強烈的想望與執著，會阻礙層次更高的覺知。相反的，拋開對信念或結果的依戀，則有淨化與治療的功能。為了達到真正的療癒，我必須拋開被療癒的「需要」，好好享受並信任生命的引導。

我必須明白我不只是一具身體，我是更偉大的存在。我要再次強調的是，生病不是我們的錯！這種想法會讓病人充滿挫折感。我想說的是我們的身體會對覺知做出回應，我們的孩子、動物與環境也一樣。我們的意識可以改變地球的情況，而且這種力量遠超過我們的想像。這是因為萬事萬物都是緊密連結的，而這是最重要的觀念！

對我來說，想達到有意識的覺知，第一步就是了解自然的運作原則。也就是說，我們要去覺知身體與環境，並且能夠尊重人事物的本質，無須要求他們做出改變——這當然也包括我們自己。我們必須了解自己不需要任何改變，也能達成宇宙希望我們達到的美好。我不需要滿足別人對完美的期望，也不需要在做不到時，覺得自己很差勁。

當我接受生命的安排，我的能力也變得更強大——所以我的療癒是發生在意識停止、讓生命力量接手的那一刻。換句話說，在我跟生命**合作**而非**對抗**的時候，我取得了最強大的能力。

在我自己獲得療癒後，我當然侃侃而言，告訴大家要有信心、要懂得放手，讓生命的力量接手；但是當你處在人生低潮時，要做到並不容易，甚至連怎麼做都不知道。然而，我還是認為答案沒有表面想的那麼困難，這也是人生最大的奧祕：愛自己真的很重要。你也許會對這個想法不以為然，但是我必須強調，學會愛自己十分重要。

我完全想不起自己曾經被鼓勵要愛自己。事實上，我以前從來沒有這個念頭。愛自己，往往跟自私畫上等號。但是瀕死經驗讓我明白，愛自己是我獲得療癒的關鍵。

在生命的織錦上，我們是緊密連結的。對身邊的人來說，我們每個人都是一份禮物，幫助彼此成為真正的自己，共同編織出一幅完美的圖案。我在瀕死狀態中清楚地明白：**成為自己**就是**成為愛**。這個領悟，讓我決定重返人間。

許多人認為我們必須努力付出愛，但這是非黑即白的二分法，因為有一個給予者及一個接收者。但我們可以超越這種愛，意思就是你我之間別無二致；如果我知道我就是愛，那麼我就會知道你也是愛。如果我關心自己，自然也會對你有著相同的關心！

我在瀕死經驗中明白宇宙是由無條件的愛所組成，我是這份無條件的愛的具體呈現。每一顆原子、分子、夸克與四夸克粒子都是由愛組成的。我不可能成為別的模樣，因為這是我的本質，也是整個宇宙的本質。就連看似負面的東西也是這份永恆無條件的愛的一部分。

事實上，宇宙生命力的能量就是愛，而我是由宇宙能量所組成！明白這一點，讓我發現我不用努力成為別人，也不會減損我自己的價值。這樣的我，早就已經是我想成為的自己。

同樣的，一旦我們知道自己就是愛，就不需要刻意去關愛別人。我們只要忠於自己的本性，就能成為愛的工具，感動跟我們接觸的每一個人。

成為愛，也表示我必須隨時滋養自己的靈魂、照顧自己的需求，不要老是把自己擺在最後一位。這也讓我可以時時忠於自己，用全然的尊重與仁慈對待自己。我可以不帶任何偏見去看待可能會被解讀成不完美或錯誤的地方，因為我眼中只看見體驗與學習無條件的愛的機會。

有人問我，萬一太愛自己怎麼辦？他們問我，愛自己跟自私之間的界線在哪裡？對我來說，那條界線根本不存在。事實上，自私源於不愛自己。地球和人類因為如此而飽受苦難，我們有太少的安全感、太多的偏見及預設立場。在真正無私地愛別人之前，我必須先無私地愛自己。我不可能付出自己沒有的東西，「把別人看得比自己更重要」這句話不可能成立，因為這只能是演戲。

當我**成為愛**的時候，我就不會缺乏愛，也不需要別人用特定方式對待我，才能感到被愛，或是願意與他們分享我的美好。因為我忠於真實的自己，所以別人會自然而然得到我的愛。當我拋開對自己的偏見，對別人自然也沒有偏見。

所以我明白在面對挑戰的時候，我不應該對自己太過嚴苛。問題的癥結往往不在於衝突，而是來自我對自己的偏見。當我不再當自己最大的敵人時，跟周遭世界的摩擦就會自然而然減少。我會變得更有耐心、更寬容。

當我們都看見自己是如此美好時，就不需要控制別人，也不會容許自己受到控制。當我進入那個無可限量的自己時，我驚訝地發現只要明白自己就是愛，人生就會徹底轉變。我不需要做任何事情，就值得被愛。明白這件事，意味著我已學會與生命能量合作，而不是扮演一個付出關愛的人——這其實與生命能量是背道而馳的做法。

了解自己**就是愛**，是我學到的最重要一件事，讓我可以拋開所有恐懼；這正是我復活的關鍵。

17 永恆的自己與宇宙能量

在我經歷瀕死經驗的時候，覺得自己是跟整個宇宙及宇宙裡的萬物連結在一起。宇宙彷彿有生命、有意識，處於不斷變動的狀態。我發現我在俗世裡所產生的每個思想、情緒或行為，都會對整體宇宙產生影響。

事實上，在萬物一體的國度裡，宇宙就像是自我的延伸。領悟到這個道理，徹底改變了我的處世觀點。透過情緒、思想與行為，我們所有人共同創造出這個世界，還包括世界上的所有生命。

見（眼）、聽（耳）、嗅（鼻）、嘗（舌）及身體知覺，超越這五種生理感官的事情，我很難用語言適當表達，因此我無法精確地描述我的瀕死經驗。但是我會在這一章盡我最大的努力，清楚跟大家分享我對這個世界的感覺、我們該如何自處，以及為什麼一切都會變得愈來愈好。

首先，我們必須了解為什麼我的瀕死經驗不同於我所經歷過的任何事件。它無始無終，就像打開一扇永遠關不上的門。它啟動了一種持續不斷、愈來愈深刻的領悟，以及無可限量的全新可能性。

人類的語言不足以描述這種現象，我在書中所寫下的文字也只能用來喚起讀者心中的類似情緒。而在與大家一起分享的過程中，我本身的領悟也隨之成長擴大。只了解字面上的意義，或是把文字當成終極真相，都會讓我們僵化頑固，緊抓著固有的意識形態不放。我知道我所需要的一切早已存在於我的內在，只要我願意打開心胸接受我所感受到的真實，就能取得這些東西。對你來說，也是一樣。

在我經歷瀕死經驗前，或許是因為自身的文化背景，我經常覺得生命的目的就是達到涅槃——跳脫生死輪迴，不再回到俗世。如果我生長在西方文化中，或許我會想盡辦法上天堂。無論是哪一種文化，用特定的方式生活換得完美的來世，其實都是相當常見的目標。

但是在瀕死經驗之後，我有不一樣的想法了。即便我現在已經知道生命結束後，我依然存在，也不再害怕肉體的死亡，但是現在的我更隨遇而安了。有趣的是，我變得更安定，我把焦點放在當下的完美，而不是另一個未知的國度。

最主要的原因是，傳統的輪迴概念（也就是每一世生命互相接續）在我的瀕死經驗中並不成立。我知道時間不是線性的，那是我們使用感官與心智所感受到的時間。當我們不再受限於肉體感官時，就會發現每一個瞬間都是同步進行的。我認為輪迴的概念其實是一種詮釋法，目的是讓我們理解萬事萬物都正在同時發生。

時間在我們的觀念中是「不斷往前走」，但是在我的瀕死經驗裡，時間卻是固定不動的，我們甚至可以在時間中穿梭。這除了意味著所有的時間點都同時存在之外，在另一個國度裡，我們可以走得更快或更慢，甚至還能後退或斜著走。

但是在這個現實空間裡，我們因為受到感官的限制，眼睛只看得見現在，耳朵也只聽得見現在。我們的心智一次只能存在於一個時刻，再把這些時刻串起來形成線性進展。一旦我們脫離了身體，就能隨著感知穿越所有的時間與空間，而不是透過視覺、聽覺、觸覺、味覺或嗅覺。我們就是純粹的意識。

我在瀕死經驗中有以下的感受。

我知道哥哥正在搭飛機來看我，也知道醫生在病房外和走廊上說了什麼話。我知道我未來的人生會發生哪些事情，以及如果我沒有回來的話會怎麼樣。這使我明白了時間、空間，以及所有我們眼中具體可見的物質，未必真如我們所想的一樣，是一種真實的存在。在我的瀕死經驗中，我發現我可以去任何一個我想去的時間點。

因為如此，我相信當有人看見所謂的「前世」時，他看到的其實是平行或同時進行中的「存在」，因為所有時間都是同步發生的。由於我們都緊密連結成一個整體，本來就可能進入特定的意識狀態，瞥見滲入此時此刻的另一個實相（平行世界），而且在意識中把它們歸類為回憶。

如果輪迴與時間不同於我們從小到大的認知，而且其實並不存在，那麼人生的焦點與目標到底是什麼？我們會不會都把目標放錯位置了？天堂或涅槃會不會以有形的方式存在我們眼前，而不是存在於來世？

我領悟到我們選擇以肉身方式存在，是為了表達愛、熱情與所有的人類情緒，但在純粹感知與萬物合一的狀態中，這些分別是不存在的。那麼萬一我們在地球的這一輩子就是重頭戲、最精彩的一頁，而且我們不想離開怎麼辦？

這個現實世界是一個表達情緒的遊樂場，我們看似來這裡是為了來世而學習或收集經驗。然而，如果在另一個世界，這些都用不上，這又有何意義？我們之所以在這裡，單純是為了體驗及逐步改變俗世，還有我們在俗世中的人生。我決定回來，也是因為我領悟到現階段在這裡的生活，才是我最想要的狀態。我們不用等到死亡，也能體驗涅槃。**我們真正的美好就存在於此時此刻！**

人類面對死亡會感到如此脆弱及恐懼，是因為我們對來世與諸神都有一套人為的解釋。我們把俗世的特性與人類不可靠的價值觀套用於來世，才會如此軟弱地對恐懼、報應、審判、懲罰等等照單全收。我們把自己的優點與力量，都投射在我們創造出來的神祇身上。

如果所有的時間與經驗都存在於當下，以美好之姿在俗世中穿梭來去的我們，真的沒什麼好害怕的。我們不用時時擔憂接下來會發生的事。我們會發現自己就是那股能量的一部分，我們人生的各個面向都能獲得愛。

我們一直向外尋求答案，比如宗教、醫學、科學研究、書和其他人，這實在很可惜。我們以為真理在外面，難以捕捉。但，其實你愈向外找，只會讓自己愈迷惑，因為我們會離真正的自我愈來愈遠。整個宇宙就在我們的內心，我的答案就在我的內在，你的答案也在你的內在。看似發生於外的事情，其實都是為了觸發我們的內在，讓我們變得更廣闊，回歸到真實的自己。

我經常使用「無可限量的自我」一詞，來取代更高的自我、靈魂和心靈。說得更清楚一點，「無可限量的自我」指的是瀕死經驗狀態裡的我，我不只是一具身體，而是與萬事萬物合而為一。我與純粹的意識融合在一起，成為無邊無際的美好存在，清楚地知道我為什麼存在於這具身體以及此時此刻。在那個狀態下的我也很清楚，我們之所以會有內外分離的錯覺，是因為我們對外在的認同感太過強烈。

我相信當我們離開肉體的時候，每個人那個「無可限量的自我」都是緊緊相連的。在純粹的意識狀態下，我們同屬一體。許多人在強烈的心靈體驗或在大自然中，有時候也會有這種合而為一的感覺。當我們跟動物或寵物在一起時，也會有這種感覺。有時候在體驗過與萬事萬物合而為一的感覺之後，我們會感受到同時性、超感官知覺（extrasensory perception，ESP）或類似的現象；但是多數人都察覺不到，所以這種現象不常發生。

事實上，我不是我的身體，不是種族、宗教或其他信仰，我也不是其他人。真正的我是無邊無際的，而且擁有更大的力量，一種完整的、沒有絲毫損傷的存在。這樣的我已經擁有度過人生所需要的各種資源，因為我跟宇宙能量合而為一。事實上，我**就是**宇宙能量。

當我處於瀕死狀態中，在我的偉大意識之外別無他物，因為我跟宇宙能量完全融合在一起。我彷彿將一切包圍在其中。在那個狀態下，我的感受是如此清明透徹、全知全能。我似乎變成一切，也存在於一切之中。

能夠看見自己的美好，並了解宇宙跟我實為一體，這使得我獲得了療癒。我意識到我跟外在的世界之間一無分別，因為外在這個詞意味著分別心與二分法。由於擁有這樣的覺知，讓我得以繼續用力量、愛與勇氣持續與俗世互動。

從另一個角度來解釋，雖然我用了「**宇宙能量**」這個詞，但其實也可以用氣、般那（**prana**，生命能量）或キ（發音ki）來形容它，這幾個詞分別在中文、印度文和日文中代表「生命能量」。概括而言，就是指生命之源，這種能量會在每一種生物體內流動。整個宇宙都充滿了這種能量，兩者不可能分開。

氣不帶任何偏見或歧視，它在我們體內流動，不論是高僧或海參，它都一視同仁。這樣想非常有用，因為一旦我們使用具象的字眼來形容這種能量，比如泉源、上帝、黑天、佛陀等等，很難不受到字面左右。

這些名詞，對不同的民族各有其意義，而且似乎在永恆之上強加了各種形式。我們對這些名詞通常會有特定的期待，因此被困在非黑即白的二分法之中，進而以為這股能量跟我們是分開的。但是就像純粹的意識狀態一樣，宇宙能量也必須是無邊無際、不具形體的，如此才能跟我們合而為一，產生療癒、神奇的力量與奇蹟。

我在瀕死經驗中強烈地感受到，我們所有人都跟宇宙能量連結在一起，兩者同為一體。這種偉大而神奇的生命能量人人都有，在我們的每個細胞之間流動。這種能量不假外求，它是一種存在狀態——一種內在現象。它是內在，也是外在，同時也無所不在，而且不分種族、宗教、文化或信仰。

只要活著，我們就跟這種能量緊密連結；事實上，我們就是這股宇宙能量。我們無須做任何事、成為任何事或證明任何事，就能夠擁有這股能量。我們是充滿力量的美好存在，人人都可以取得這股能量，因為它跟我們同屬一體，別無二致。

我與宇宙能量之間只有一層隔閡，那就是我的心智——我的思想，尤其是自我設限的信念。我之前提到讓我進入瀕死經驗的深層釋放，其實就是心智的徹底放手，於是自我設限的信念也隨之離開，才能讓宇宙能量進入。除去心智的阻擋猶如打開防洪閘門。我不再為了痊癒去對抗宇宙的本質，而是讓氣隨意流動。

一開始要找出激發我們的東西並不容易。差別在於心智與行為有關，而靈魂與存在有關。永恆的自我是我們的本質，也就是真實的自我。我在上一章說明我們成為愛的重要性時，也曾經提到這一點。心智是人生的一種指引工具，它思考的是要賺多少錢才足以買食物、付房租；而靈魂只想表達自己。

我們的本能與直覺存在於「永恆的自我」。當我們買房子時，心智會把種種選擇去蕪存菁，選出最方便的地點、設定預算等等。但是最終選擇要住在哪裡，卻可能完全取決於直覺。我們會對某個地方特別有好感，而且毫無邏輯、難以解釋。這就是永恆的自我。

有時候人生變得太過複雜，使我們忘記自己跟宇宙能量之間的連結，也忘了我們擁有的自然能力。我們不再聆聽內心，並漸漸地把力量交給外在的壓力，例如上司、老師和朋友。我們阻擋自己的感覺，也使我們無法感知自身的美好，因為情緒是通往靈魂的入口。但是人類是複雜的生物，我們會控制自己的感受。

當我們完全依賴心智生活了一段時間後，就會漸漸遠離永恆的自己，並且開始覺得茫然。這是因為我們一直使用行為模式，而不是存在模式。存在模式就是依循靈魂來生活，也是一順其自然、不強求的狀態。意思就是好好做自己，不要存有偏見。但存在並不是什麼事都不做，而是在人生的此時此刻，聆聽你的情緒與感覺來採取行動。行為的焦點放在未來，心智會創造各式各樣的任務，把我們一步步往前推、達成目標，不會去考慮到當下的情緒狀態。

我發現要判斷自己的行動是源自「行為」或「存在」模式，只要看看每天的決定，其背後藏著怎樣的情緒，是恐懼？還是熱情？如果我每天的行動都是出自熱情及對生命的熱愛，那麼我就是處於「存在」模式；如果我的行動都是出自恐懼，那就是「行為」模式。

當我們感到茫然失措時，我們會想一定是自己哪裡錯了（好像必須做什麼或得到什麼才能恢復正常）。於是，我們便向外尋找答案，去找別人解決我們自己的問題。也許在那之後會覺得稍微好過一些，但是無法維持太久，最後只會愈來愈糟。然而，當我們開始把自己調整成應有的狀態（順應激發我們的情緒），就可以連上美好的靈魂。當我們建立了與靈魂的連結、取回自己的力量，人生就會開始啟動。

當我們的人生源自真實的存在，就能選擇要不要尋求外在指導，例如精神導師、老師、書籍或心靈哲學。一旦我們察覺了內在的美好與真理，就不再相信別人擁有我們沒有的力量。事實上，當我們明白自己的美好並住在愛的真實本質裡，自然就會在正確的時機吸引正確的老師、書籍或心靈哲學。

遺憾的是，不知道自己的美好除了會讓人感到迷惘之外，可能會有更嚴重的影響，而且這些影響都有相同的本質。在我的瀕死經驗中，我感受到偏見、仇恨、忌妒和恐懼，都是源於人們不了解自己的偉大。我們不知道自己的完美，所以覺得自己渺小又微不足道，這樣的想法與自然流動的生命能量背道而馳，而生命能量就是我們的本質。我們在跟自己對抗。

我認為只要我們能鼓勵彼此表達真實的自己，就可以成為充滿愛的存在，各自為世界貢獻自己的獨特性。問題與衝突都是源自我們不知道自己是誰，無法展現內在的美麗。我們製造了許多偏見來定義「完美」，導致了懷疑與競爭。因為我們覺得自己不夠好，只好忙得團團轉。但只要每個人都知道自己的美好，對自己有信心，就能夠跟大家分享自己的獨特本質，並用一種反映出自我關愛的方式呈現出來。

由此推斷，這世界的問題並非源自對別人的偏見或仇恨，而是對自己的偏見或仇恨。以我的療癒來說，關鍵在於對自己的無條件的愛消除了恐懼，同樣的道理，要讓世界變得更好，就需要每個人都愛自己、明白自己真正的價值。如果我們停止評判自己，就會發現愈來愈不需要去譴責別人，並開始注意到他們真正的完美。宇宙就存在於我們之內，外在的經驗只不過是一種的反射。

我相信沒有一個人的本質是糟糕的——邪惡只是恐懼的產物，就像我的癌症一樣。從更宏大的角度來看，犯罪的人也是自我設限、恐懼和痛苦的受害者。如果他們一開始就擁有真正的自我覺知，一定不會造成任何傷害。只要轉換心態（例如用全然的信任取代恐懼），連最墮落的人也可以改變，就像我扭轉了末期癌症一樣。

因為多數人不是住在自我覺知的清明中，所以需要法律、審判、獎賞、處罰來防止人們互相傷害。如果每個人都知道自己的美好及偉大，就不會再被恐懼控制，也不再需要法規和監獄，甚至醫院。

假設地球上的每一個人都經歷了一次心靈轉變，突然發現自己的美好與偉大，外在世界也會隨之改變，反射出這種全新的狀態。人們對自我內在力量的覺知會更強，恐懼與競爭會變少，所以也會更加包容彼此。此外，犯罪率會大幅下降；而因為壓力跟恐懼變少了，身體的免疫系統更強，更不容易生病。由於推動我們的不再是貪婪（貪婪是恐懼的另一面），生活重心也會改變。孩童們在愛中成長，因此更強壯、健康，更願意相信別人。他們會住在一個自然而然支持這種生活方式的星球上，而不是一個對這種生活方式有敵意的地方。

儘管我看到了這樣的願景，但我不覺得有必要去改變任何人，更不用改變這世界。試著去改變外在的人事物，意味著我評斷他們是錯的，所以才有必要改變他們來符合我的願景或意識形態。但並非如此，因為在這個時間點上，萬事萬物都在自己應該停留的位置上。我知道我唯一的工作就是——好好做自己，也就是成為愛，並在我居住在這個實體星球的期間，努力看見我自己、其他人與世界的完美。這就是我們每一個人該做的事。

我了解家人以及我生活圈子裡的每一個人，在我生命中所扮演的角色，也了解我在他們生命中所扮演的角色。如果我無法真實面對自己，我身邊的人也無法好好做自己。只有當我忠於獨特的自己時，其他人才有辦法用永恆的自我來跟我互動。

只要我一直保有這種覺知，就可以在宇宙能量流經我的生命時跟它合而為一，宇宙能量會以美好且同步的方式在我面前開展。我會充滿能量而不是筋疲力竭，會因為存在而神采飛揚，而不是因為行為而受挫；會跟宇宙能量相輔相成，而不是與之對抗。一旦我持續以這種方式生活，我的人生就會進入類似禪的境界，也就是一切都有一種超脫現實、各得其所的感覺。

這並不容易，但是絕對會讓人生變得更有趣！我當然還沒達到那種境界，但是這是我必須努力的方向——成為愛，因為我就是愛。只要這麼做，我的外在宇宙就會自動變得清楚明白，放大來看，道理也是一樣。

當我們藉由意念與情緒慢慢建構人生時，也共同決定了人類世界中的可能與不可能。同樣的道理，我們之所以把道德觀與價值觀視為絕對真理，也是因為這些真理就是人類隨著時間演進慢慢採納的想法與信念。它們是心智的結果、文化的產物，就像我小時候被灌輸的性別觀念一樣。

因為我相信這些價值觀是絕對真理，所以它們就會影響我。基本上，我們創造的現實就是反射出我們這種未覺知的狀態。如果大家的想法與信念不一樣，必會創造出一個截然不同的地球。

對我來說，世界是此時此刻我們全體的想法與信念所共同建構而成的。我們進展的速度取決於我們在任何時刻的應對能力，無論是個人或全體。我們依然根據罪行來審判犯罪者，認為他們不但要在今生受到懲罰，來世亦無法逃脫！我們依然無法把他們視為恐懼的受害者，而事實上，他們也是我們創造出來的，因為我們是一個整體。

當我們每個人都能夠直視最可怕的敵人，並在他們的眼中看見自己，那麼我們就能看見人類真正的轉變。我們每個人都可以根據自己的真理，專注地為自己打造現實，而不是盲目跟隨集體信念與思想。透過擴大個人的覺知，就能一步步改變全宇宙。

我們每個人都像巨大織錦上的一條經緯線，交織出五顏六色的複雜圖案。雖然我們只是一條線，卻對最後完成的圖案不可或缺。在我們選擇要不要做自己的時候，也影響著彼此的生命。我們對其他人唯一的義務，也是我們唯一的目標，就是表達自己的獨特性，同時允許其他人也這麼做。

請理解那道光芒、那美好的宇宙能量，就存在於我們的內在；它就是我們，只要我們打開心胸、做好準備，它就會改變我們每一個人。如此一來，世界就能出現緩慢而深刻的改變。下一章，我將更深入探討關於生活在這個星球的個人領悟。

18 不強求，做自己

我知道這句話我已經說過，但我還是不厭其煩地再說一次——我現在的人生源自喜樂而非恐懼。這是我在瀕死經驗之前與之後最大的差別。

以前我的一言一行都是為了避開痛苦或取悅他人，只是我自己沒有察覺。我忙著做事、追求、尋找與達成目標；我總是把自己放在最後。恐懼推動著我的人生——我怕得罪別人、怕失敗、怕變得自私，當然也怕自己不夠好。在我心裡，我永遠不及格。

自從經歷了瀕死經驗之後，我不再追求任何目標，我回來的唯一目的就是**存在**。所以我做的每件事情都是出於愛。我再也不擔心做錯事，也不擔心是否要遵守規則或教條。我聆聽內心的聲音，因為我知道這樣就絕對不會出錯。諷刺的是，這麼做比過去更能讓別人開心，因為現在的我更開心、更無拘無束！

這也對我的健康產生重大影響。我把自己視為永恆的存在，我的身體會自己照顧自己，因為身體只是靈魂狀態的反射。對自己的無條件的愛大大加強了我的能量，因此宇宙也會有相同反應。

外在世界是我們對自我感覺的一種反射。所以拋開負面的自我評價，我們的世界才有辦法轉變。隨著世界轉變，我們也會感受到愈來愈強大的信任。我們愈能夠信任，就愈能夠放手不去控制結果。當我們順心而為，不再固執地堅守別人的教條或不再適用的信念，就可以更準確地反映出真正的自我。

正如我之前所說的，在我經歷瀕死經驗之前，我一直向外尋求指導，包括朋友或上司的認同，或是單純地尋求他人的解答。我遵循別人的意見、建議、教導與法則，無論對我是不是真的有益。我經常出於恐懼而遵循宗教儀式與教義，害怕萬一他們是的對，或是擁有我不知道的資訊。

在瀕死經驗期間，我才領悟到聆聽這些外在聲音讓我失去了自己。為了「以防萬一」才去做某些事情，就表示我做這些事情只是出於害怕。所以，現在我已不再遵循任何人為的理論、秩序、儀式、教條或主義。事實上，我最大的原則之一，就是世上不該再有任何不容變通的原則！我只注意當下的感受。對我來說，生命是一場心靈的體驗，我隨時都在改變及演進。

如果我們是跟宇宙生命力量密不可分的一種能量存在，就不需要任何外在系統來為我們做決定，或是告訴我們如何提高或降低能量。我們都是獨一無二的，所以沒有人可以制定放諸四海皆準的規定，告訴我們是非對錯。然而，這正是許多有組織的心靈體系及宗教的行為。

一旦立起框架，每個人就都必須遵守相同的教義。選擇不遵守教義的人就會被批評，這就是宗教組織沒有製造團結反而製造分歧與衝突的原因，而其癥結就在於他們制定了教條。宗教信仰不會讓你消除生活中的恐懼，更不可以拿別人開刀。而追求個人的心靈道路，則意味著遵循內在的提示，發覺核心本質裡那個永恆的自己。

有組織的系統有多不可靠，從文化差異最能看得出來。印度與中國的心靈療法彼此扞格——印度人相信葷食是一種罪惡，而華人卻認為吃肉有益健康。同樣的情形也發生在對居住的觀念上，印度風水與中國風水，規則天差地遠。

不同的主張互相衝突，曾讓我感到無所適從，從而製造出許多恐懼，或至少會讓人因為害怕出錯而感到焦慮。

最後，我的瀕死經驗讓我回歸到原本的自己。相信我們都是來這裡探索並尊重每個人自己的道路，這樣的觀念，力量最為強大。無論我們選擇的是摒棄俗世，跑到山頂冥思二十年，或是打造價值數十億、養活成千上萬名員工的跨國企業；或是去廟裡拜拜、去教堂禱告，或是在沙灘上喝調酒、跟心愛的人一起看落日，或是在公園裡邊散步邊吃冰淇淋。無論我們的選擇如何，只要出於自己真正的心意，都是正確道路，每種選擇同樣都有其靈性。

我不是反對有組織的宗教，我只是質疑造成分歧、衝突與殺戮的宗教訊息；因為事實上，我們同屬一體，每個人都是組成整體的一個面。人形形色色，有些人適合往宗教的路去走，有些人則不適合。只要認為哪種方式最能滋養自己、能讓自己發揮創意，能讓自己看見自身的美好，那就是最好的選擇。主張自己的選擇或教條才是唯一的真理，只會限制住我們及我們的人生目標。

想接觸自己的美好無須「刻意」去做任何事，比如遵循特定儀式或教條。但如果想這麼做也可以，前提是這麼做能讓我們快樂，而不是因為非做不可。只要聆聽內在的指引就能找到正確的方向，包括應該使用什麼方法找到方向。當我們感覺到自己就置身在愛的中心位置，對自己與他人都沒有偏見，就表示我們走在正確的道路上；如此一來，我們就能看見自己在整體中真正的美好。

比如說，有些人在危急或自省的時刻，可以經由祈禱獲得安慰。這也是一種放手拋開負擔的過程，對幸福感會產生正面效應。結果，祈禱的人覺得更輕鬆、更開心，這不只對提升他們自己的幸福感有益，也對其他人有幫助，因為我們每個人都緊密連結在一起。你為自己製造的正面影響，也會影響到整體。

然而，我認為祈不祈禱不是重點，我們都可透過各自的方法找到內在的永恆空間，只是有些人的方法是祈禱而已。也有人透過音樂、藝術、親近大自然，或甚至透過追求知識與科技來達到，任何一種可以激發熱情、創意及生活目標的方式都可以。

換句話說，讓我們覺知到自身美好的並不是祈禱本身，而是任何一種可以讓你找到內在熱情、發揮如禪般特質、為生命賦予意義與整體感的方式。

就我個人來說，我不需要向外在的神祈禱，因為我知道我無時無刻都跟宇宙融為一體。所以我的人生本身就是祈禱。不過我發現冥想非常有幫助，因為冥想能讓我平心靜氣，讓我專注在覺知的中心點，在那裡我可以感受到自己與萬事萬物的連結感。如果你無法透過冥想來獲得啟發，沒有關係，重要的是你要找出最能引起你共鳴的方式。

倘若你能找到可以輕鬆遵循，或覺得可以樂在其中的一個體系，那就太棒了！相反的，如果你覺得辛苦，或是覺得似乎有股力量想要控制你的情緒或想法，那麼這種方式就不太適合你。大部分的正面改變，都可以在順其自然的狀態中發生。無論你是誰，都要好好做自己，擁抱每一件能讓你感到有活力的事。

你可能會驚訝，雖然我堅信有意識地保持好心情、做令自己開心的事，就是我為自己和他人所做的最好的事，但我並沒有把「正向思考」視為一個萬用處方。事實是，既然所有的生命都緊密相連，讓自己保持好心情的正面影響，也會對整體產生作用。

然而，一旦發現負面情緒悄悄爬上心頭時，最好的處理方式似乎是不帶偏見的接納它，讓負面情緒流動。如果想壓抑或強迫自己改變當下的感受，愈是推開負面情緒，它們只會更用力地擺盪回來。靜靜讓負面情緒穿越而過，不帶一絲偏見，這樣負面的想法與情緒就會自動離開。如此一來，正確的道路就會以自然方式延伸，讓我成為真正的自己。

「負面思想會招來負面能量」，這樣武斷的說法不一定正確，可能會讓面臨困境的人更難受。這也可能會讓他們害怕現在的困境，將會引來更多的負面結果，只因為他們的思想很負面。

這樣的想法萬一使用不慎，經常會讓處於艱難時刻的人覺得會發生這樣的事都是自己的錯，但事實並非如此。如果我們相信這些令人不悅的情況都來自負面思想，可能會連思考的時候都變得神經兮兮的。相反地，與其說這跟想法有關，不如說是跟情緒有關，尤其是我們對自己的感受。

不過想吸引正面的事情，當然不是光靠心情愉快就可以了。我要強調的是，我們對自己的感受才是決定人生狀態最重要的指標！換句話說，忠於自己的感覺比努力保持正面心情更為重要！

碰到讓我心情不好的事情，我會允許自己有負面感受，因為感受真實的情緒勝過壓抑。用接受取代批判，這就是愛自己的表現。對自己仁慈比假裝樂觀，更能創造喜樂的生活。

有時當我們看見有人樂觀生活、親切友善，但生活卻支離破碎時，我們或許會告訴自己：「你看吧，保持樂觀根本沒用。」但其實，問題就在我們看不見對方的內在對話。我們不知道別人每天會告訴自己什麼，也不知道他們是不是真的快樂。最重要的是，我們不知道他們是否愛自己、珍惜自己！

我從瀕死經驗中了解的事，讓我知道對自己沒有偏見及恐懼非常重要。當我的內在對話說我很安全、擁有無條件的愛與接納，我就可以把這股能量散發出去，改變我的外在世界。因為我的外在生活，只是內在狀態的一種反映。

我是否過了很糟糕的一天或一星期，那都不重要。重要的是，當我面對這一天或這一星期時，對自己有什麼感覺。就算過得辛苦也要有信心，不要因為害怕焦慮、悲傷或恐懼等感覺，而去壓抑這些情緒。重點是忠於自己的內心，如此一來，負面感覺就會消散且愈來愈少出現。

在瀕死經驗之前，我常常壓抑會讓我煩惱的情緒，因為我相信這些情緒會為人生招來負面能量。此外，我也不想讓別人擔心，所以我試著控制自己的想法，強迫自己保持樂觀。但是我現在明白，關鍵在於尊重真實的自己，接受自己的真實感受。

每個時間片段都是獨一無二的，每個逝去的時刻在這個實體世界都無法被複製。我學會釋懷，學著活在當下，盡量不把這一刻的情緒包袱帶到下一刻。我把每個時刻都視為一張白紙，為它創造新的可能性。所以我會在每個時刻，做讓自己高興或為我帶來最多樂趣及喜樂的事情；那可能是冥想，也可能是購物或吃巧克力，只要是我想做的事情都好。

想要跟真正的自己和諧共處，強迫自己一再做正面思考是辦不到的。這意味著你要成為快樂的人，做讓自己快樂的事情，點燃熱情，發揮自己最好的一面，這樣一來，你必會更充滿信心。

當然，這也意味著我們要無條件愛自己。當我們用這種方式讓能量流動，並對生命感到雀躍時，就可以觸碰到內在的美好。一旦找到內在的美好，生活就會處處有驚喜，我們會發現身邊所有的一切都在同步進行著。

近年來，同步性與吸引力法則等概念受到許多關注。但光靠吸引力法則，就能不費吹灰之力讓事情水到渠成，這樣的想法確實很誘人；但是我覺得順其自然的概念，更勝於吸引力法則。

就像我說的，我們跟宇宙同為一體，我們的人生目的就是成為美好的自己，外在世界只是內在世界的一種反映。把焦點放在外在、因為比較而產生的競爭心態，都會讓人生崩壞，而我以前總認為貪婪與競爭都是因為資源不足。我必須說服別人相信並接受我的想法，而不是擁抱自己的獨特及與眾不同。會有這些感覺，都是因為我們把宇宙視為一個有限的地方；事實上，宇宙是無邊無際、無可限量的，它可以不斷成長，不斷包容一切。

我們可以決定宇宙擴展的程度，可以決定它的包容程度，而這一切必須從內在出發，別無他法。

當我了解到除了永恆的自我外別無他物後，才可能開始把自己視為一個持續不斷的完美之作，這是一種動態的狀態，而非靜止的狀態。就像萬花筒會不停變換各種美妙圖案，完美也會持續變動。

對我來說，這意味著要懂得欣賞過程中的各種風光，就算表面上看起來是錯誤的事也會帶我進入更高一層的領悟。我的目標是對自己充滿信心，進而達到全然的信任，如此一來，我就可以拋開結果。當我開始留意自己的不足，我也注意到外在世界只是反映出我的不足。我可以吸引對我最好的事情，這也是我能為宇宙所做的最好貢獻。

走出去改變世界不是我的方式，這點我之前就已經說過了。這麼做只會讓一開始製造問題的偏見能量愈演愈烈，因為我們必定認為事情有錯才需要糾正。拋開對特定信念或想法的執著，讓我感到更開闊；我覺得自己幾乎變得透明通透，宇宙能量可以直接流經過我。我發現當我處於不強求的狀態時，人生便會出現更多正面的巧合。

就像物以類聚的道理，好的能量會帶來完美的結果。當我對自己愈仁慈時，外在世界也會有相同的回應。如果我對自己愈嚴苛、愈帶有偏見，外在的情況也會變成這樣——宇宙總是印證我對自己的看法！

以前的我總是在追尋，覺得自己必須去做、去爭取、去完成什麼事。但是追尋源自於恐懼——害怕不能擁有自己真正想要的東西。這使我們困在二分法的迷思中，就像獵人與獵物的勢不兩立。現在我不再追求任何事情，不強求，讓事情順其自然發生。

舉例來說，如果我特別渴望人生往某個方向前進，我知道假如我愈是追求結果，愈會迫使我去對抗宇宙能量。我為了達成結果所付出的努力愈多，就愈清楚自己這麼做是不對的。而凡事順其自然，就不需要刻意努力。這種感覺比較像是放手，因為明白了萬物同屬一體，我想要得到的東西早已經屬於我了。

想要達到順其自然的狀態，必須先學會信任，然後成為真正的自己。如此一來，我就只會吸引真正屬於我的人事物，而且發生的速度也會是我能從容適應的速度。我可以一直擔心或一直想著自己需要或欠缺的東西，但是這樣我的人生就不會朝我想要體驗的方向前進。這樣的人生將會停滯不前，因為我都把焦點放在恐懼和令我難過的事情上，永遠得不到滿足；相反的，如果我能信任並允許新的經驗進入人生，就可以擴大自己的覺知。

因此，我可以決定人生藍圖具體化的速度，這取決於我有多想拋開煩惱，以及在過程中放輕鬆的速度。我愈是執著於特定思考模式或結果，愈是對新的冒險感到恐懼，進展就會變得愈慢，因為我在這個過程中並沒有敞開心胸，沒能讓宇宙能量可以自然地流經過我。

以上所說，並不是要你呆坐著沉思每一種選擇或可能性。我在每一個當下所做的事情，都是為了有意識地在那個空間裡活著，我指的是內在，而不是外在。外在世界沒有什麼值得追求的東西。既然宇宙存在於我們的內在，我的內在所體驗的一切就會影響到整體。

因為時間的織錦早已織好，所以人生中會發生的每件事早已存在於那個非實體的無限空間裡。我唯一的任務就是擴大俗世裡的自己，好讓自己能走入這個國度。所以，如果我存有渴望，無須刻意追求，只要擴大自己的意識，讓宇宙能量把它帶到我的現實生活中。

一旦強求，渴望的東西反而會離你愈來愈遠；順其自然，意味著明白我們同屬一體，彼此緊密連結，因此我所渴望的東西早已經是我的了。

後記

在本書結束之前，最後我還想提醒讀者幾句話。請記得，永遠不要交出自己的力量，要與自己的美好保持聯繫。至於如何找到正確的人生道路，每個人的答案都不一樣。我所知道的唯一且通用的解決之道，就是無私地愛自己以及無懼地做自己！這就是我從瀕死經驗中學到的最重要一課，我誠心認為，如果我以前就知道這些事情，就不會罹患癌症。

當我們忠於自己時，就可以成為地球真相的工具。因為我們是緊密相連的整體，所以我們可以影響周遭的人，而他們也會再去影響其他人。我們唯一的義務就是成為愛，因為我們的本質就是愛；我們也要用最適合自己的方式從內追尋答案。

最後，我要強調的是享受人生，千萬不要對自己或生命太嚴肅，這是很重要的事。許多傳統宗教最大的缺失，就是讓我們的生活過得太嚴肅。我一向厭惡教條，但是如果要我定出一條能夠通往療癒的心靈之路，我的第一條法則就是每天都要想辦法大笑幾回，而且嘲笑的對象最好是自己。這個法則，絕對勝過任何祈禱、冥想、誦經或食療的效果。戴上幽默與愛的面紗，透過面紗觀看日常生活中的問題，大事往往能化小。

在這個資訊科技的時代，光速般的資訊隨時轟炸著我們。我們活在一個壓力與恐懼的時代，忙著保護自己不要被「外在」的一切傷害，卻忘了享受人生、照顧自己的內在。

我們的人生，是宇宙送給我們的禮物，當我們離開俗世之後，我們留下的回憶就像留給心愛者的一份遺產。我們必須為自己與身邊的人過得幸福，並把這份喜樂散播出去。如果我們帶著幽默度過人生，明白自己就是愛，就可掌握人生。喔，如果能再加上一盒美味巧克力，那就再美好不過了。這，就是我的人生必勝公式！

祝福大家在展現自己的美好及無懼表達人生的過程中，都能感受到喜樂。

誌謝

對我來說，誌謝應該是這本書最重要的一部分。我想在這裡對每個人表達感謝，因為每個人都以某種方式對這本書產生影響。有些人直接影響這本書的呈現方式，有些人則是間接影響，但是都在我的這段旅程中扮演了重要角色。

感謝偉恩．戴爾博士，我還能說什麼呢？你的慷慨無私讓我感動至今，無法以言語形容——這種情況可不常發生喔！我知道我們還不知情的時候，宇宙就居間促成我們在對的時機相逢了。你是這趟旅程中不可或缺的一部分，沒有你，我絕對不可能完成這本書。一路走來，你的仁慈與建議對我意義重大，難怪世人都因你而受到啟發。謝謝，謝謝，謝謝。由衷感謝你為我打開了這扇門，讓我得以與世人分享這本書，並讓我的生命充滿神奇。但最重要的是，要感謝你忠於自己。我深深愛你！

感謝我最好的朋友兼靈魂兄弟，李奧．克魯茲（Rio Cruz），無論我如何道謝都顯得太過平庸，不足以表達我對這段友誼的深厚情感。這些年來，你一直在我的人生中發揮重要影響力，在我試著融入世界時提供協助，因為這世界未必已經準備好聆聽我要分享的訊息。你對瀕死經驗的豐富知識為我帶來莫大的安慰，當別人挑戰我的時候，你用堅定的支持讓我保持理智。為此，我由衷感謝你。你是我最好的朋友，從我必須與世人分享故事的那天起，就對我充滿信心。謝謝你在我寫書的過程中扮演溫柔的推手，鼓勵我完成這本書。我非常愛你，朋友！

感謝米拉．凱利，妳是美麗的靈魂！謝謝妳扮演的角色，把我的故事傳給戴爾博士看。妳的行動讓這本書得以問世。我愛妳！

感謝我的編輯潔西卡．凱利（Jessica Kelly），謝謝妳讓我的故事躍然紙上。謝謝妳的耐心，並總是能敏銳地了解我想要傳達的訊息。妳是最棒的工作夥伴。

瑞德．崔西（Reid Tracy）、夏儂．里特羅（Shannon Litrell），以及Hay House的每個人，謝謝你們的支持！能成為Hay House的一份子，我真的很興奮。

感謝傑佛瑞．隆恩醫師，瀕死經驗研究基金會的主持人。謝謝你認可我的訊息很重要，並把我的經驗放在網站首頁上，讓全世界都能看見。

感謝柯耀冰醫師，感謝你對我的案例有興趣，還特地飛到香港見我並研究我的病歷。謝謝你的毅力與不懈的調查精神，耐心地看完一大疊病歷與檔案！

感謝我們的家庭醫師兼朋友布萊恩·沃克，我知道我把你嚇壞了！謝謝你沒有放棄我，在艱難的時刻一路相隨。

感謝香港養和醫院優秀的醫生與看護，他們陪我度過我人生最黑暗的時刻，謝謝你們讓宇宙透過你們的雙手完成任務。

感謝瀕死經驗研究基金會的大家族，這五年來，你們是我的鄰居、家人、朋友。謝謝戴夫·塔勒（Dave Thaler）、路卡斯·泰勒（Lucas Tailor）、馬克·斯維尼（Mark Sweeney）、艾莉森·布魯爾（Alison Bruer）、貝利·史特勞斯（Bailey Struss）、克羅伊·索利斯（Cloe Solis）、大衛·馬斯瓦利（Dave Maswarey）、唐·歐康納（Don O' Connor）、偉恩·哈特（Wayne Hart）、卡拉·杜伯（Carla Dobel）與羅蘭（Lorraine）。如果沒有你們，我無法獨立撐完這趟旅程。你們為我提供團體的歸屬感，一路上為我製造許多笑聲。我愛你們每一個人！

最後，我要感謝美好的家人。哥哥阿努，你對我的意義勝於全世界；還有阿努的家人，夢娜與尚恩。感謝親愛的母親，她給我的愛堅定而無私。我愛妳，親愛的母親，很抱歉讓妳吃盡苦頭。最後也最重要的，我要感謝親愛的丈夫——何其有幸今生有你相伴，我相信你知道我有多愛你。我打從心底珍惜我們所擁有的一切，希望生生世世都能跟你在一起。親愛的，我愛你。

瀕死經驗發生後的這幾年，我有許多機會在全球各地與不同的團體探討我的經驗。以下的問答整理只是其中一部分。

Q 妳如何定義妳在另一個國度感受到的「無條件的愛」？這種愛跟現實世界的愛有何不同？

A 另一個國度的愛之所以不同，是因為它擁有純粹的本質，沒有規定也沒有期待，也不是出自情緒，不會因為某人的行為或感覺而有不同的回應。它就是愛。

Q 妳覺得在現實世界中，有沒有可能複製那種無條件的愛的狀態？

A 我們每個人的本質就是純粹而無條件的愛。然而，當我們在現實世界表達愛的時候，總是會先用心智過濾，再透過情緒方式表達出來。

我能想到最好的比喻，就是白光穿射過稜鏡。無條件的愛就像純粹的白光，當把白光射過稜鏡時，會折射出各種顏色的虹彩。這些顏色用來類比情緒：喜悅、愛、焦慮、忌妒、憐憫、仇恨、同理心等等。

我們每個人就像一面稜鏡，會把純粹的白光（愛）折射成不同顏色；這些顏色（情緒）對整體來說同樣重要。幾乎沒有人會對某個顏色存有道德批判，我們不會說：「喔，那個顏色很邪惡」或「那個顏色不道德」。但是我們會如此批判別人和別人的情緒，我們認為有些感覺是對的，有些感覺是錯的。

當我們批評負面情緒或否定負面情緒時，只是在壓抑自己的一部分。這會在我們的內在築起一道牆，阻止我們完整表達自己本具的美好。這就好像以道德為標準，把光譜上的某種顏色去除，只會讓光變得不完整，不再是原來的模樣。

我們無須處理每一種情緒，只要接受它也是屬於自己的一部分就好。阻斷情緒，就像阻止某種顏色穿過稜鏡一樣。唯有不帶絲毫偏見去擁抱完整的感覺光譜，才能觸碰到存在於我們內在的純粹本質與無條件的愛。

Q 妳是否認為在我們成為肉體之軀以前，早就是美好的存在，也完全了解真正的自己？如果是這樣，為什麼進入現世人生後，我們的美好會被腐蝕？我們的自我感覺會被毀壞？

A 我很樂意告訴你自己的感受，但是我想那只會引來更多問題！我覺得我們不應該忘記自己是誰，人生也不應該如此艱難。人生之所以感覺艱難，是因為我們用錯置的觀念及信念讓它變得如此。

我在那個國度的內在領悟就像是一種「銘刻」，如果要訴諸言語，當時我的內在說的應該是：原來人生不應如此難熬，我們都應該好好享受並樂在其中！真希望我能早點知道！原來我會得癌症，是因為愚蠢的想法、對自己的偏見、處處設限的信念所製造的內在動盪。天啊，如果我早知道我們出生在這世上的目的，就是要對自己與生命充滿信心就好了——只要勇於展現自己、享受人生！

接下來就比較難以解釋了，但是我會努力試試看。我也曾問過自己類似的問題：為什麼我只是不了解自己的美好而已，就會發生像癌症末期這麼嚴重的事？

在此同時，我也領悟到一件事：喔，我知道了，癌症不是發生在我身上，因為我永遠不會成為受害者。癌症是被我自己壓抑的力量與能量，如今它反過來攻擊我的身體，而不是向外發散。

我知道這不是懲罰或報應之類的，這只是我自己的生命力量以癌症面貌呈現出來，因為我不讓它變成艾妮塔的美好與力量。我知道我可以選擇回到原來的身體，或繼續向前步入死亡——那個國度裡沒有癌症，因為能量不會再以癌症方式呈現，而是成為我永恆的自己。

此外，我也領悟到天堂是一種狀態，而不是一個地方。我發現這種幸福也跟著我回到地球。我知道這聽起來很奇怪，但我甚至感覺到我們「真正的家」只是一種存在狀態，而不是一個地點。現在我有回到家的感覺，我不想去其他地方。對我來說，留在這裡或在另一個國度都沒有差別。這所有一切，只是那個更偉大、寬廣、無邊無際、美好的自己所經歷的種種體驗。我們真正的家存在於每個人的內在，無論我們身在何方都如影隨形。

Q 我沒有瀕死經驗，關於妳說的不可思議的生命力量，有沒有方法可以建立並維持對這股生命力量的信心？

A 當然有。你不一定要有瀕死經驗，才能領悟自己的美好。我的經驗告訴我，想建立並維持信心，或者是連結宇宙的生命能量，最好的方式就是訴諸於內在。你要愛自己、相信自己，愈能夠這麼做，就愈能感覺到自己位在宇宙織錦的中心位置，感覺到彼此相連，觸動彼此的內心而感同身受。

Q 信念或信仰在妳的療癒過程中扮演怎樣的角色？療癒後，妳的信念產生怎樣的變化？

A 我的療癒完全不需要信仰。相反的，我認為完全捨棄過往的信念、教義與信條，才是我身體療癒的關鍵。以我的例子來說，瀕死經驗是療癒的催化劑。

我認為僵化的觀念反而對我有害。具體的信念會限制我的人生體驗，因為我會被封鎖在自己知道的事情裡面，而我對這個世界的認知則受到生理感官的限制。一旦擺脫對未知的恐懼，就打開了各種可能性。擁抱不確定，就是對無限潛能張開雙臂。

對「確定性」的需要就像一把枷鎖，限制我接受意外的潛能。「我不知道」或「靜觀其變」，則讓我擴大自己，得到出乎意料又符合同步性的答案與解決之道。當我進入不確定的國度時，才能成為力量最強大的自己。拋開過去的信念、懷疑、教義與信條，永恆的宇宙就能隨你來去自如，人生也能得到最好的結果。我就是在這樣的狀態下獲得內在的清明。而內在正是關鍵。

拋開從前的種種眷戀等於擁抱自由，也是對自己的神性與美好展現信任。這也是一種療癒形式。當我不再渴求身體的療癒，生命就變得更自由、完整且喜樂。

Q 妳對生命本源（Source）的信心，是否也對妳的療癒有幫助？

A 以我的經驗來說，當時我就是本源，並感受到透徹清明，而生命本源不在我擴大覺知之外。我彷彿兼容並蓄了一切。我前面也提過，我的療癒不需要任何信仰，因為那是一種清明的狀態，我無所不知。信念或信仰都被「知」所取代，我彷彿變成萬事萬物，存在於一切之中，一切也存在於我之中。我變成永恆與無限。

我在這樣清明的狀態中醒來，所以立刻頓悟。我知道如果我選擇回到人間，我的身體將會痊癒。因為我的經驗告訴我，每一個人的本質都同屬一體。我們都是從單一整體分散出來的存在，也終將回歸整體。我的瀕死經驗，讓我得以一窺萬事萬物同屬一體道理。我可以稱之為上帝、本源、婆羅門或一切存在，這些「術語」對不同的人各有不同解釋。

我不認為神性，跟你我有所不同。對我來說，那是一種存在的狀態，而不是另一種存在。它超越了二分法，所以我的內在與它永遠緊緊相連、不可分割。血肉之軀的我，只是整體的其中一個面。

Q 個人意念與整體意念是否在某個地方互相連結，因此每個人都能自由取得療癒與力量？

A 我認為應該有，這表示每個人都可自由進入那個有療癒力量的地方。我相信人類的世代相傳的神話故事，阻止了我們進入那個地方。世代積累的信念，導致我們這個世界充滿了分別心與衝突，就連我們的身體內部也一樣。

這些看不見的瀰（meme，一種強迫性的感染力）讓我們看不見真相，讓我們以為我們跟宇宙能量是分開的。我們被卡在非黑即白的二分法裡，也遠離了內在的創意中心。我們不但創造了這些神話，還加以推波助瀾。隨著故事的轉變，我們的現實世界也會反映出這些轉變。

為了讓這種療癒更常發生，我們必須改變神話故事，把「瀰」轉化，讓我們得以明白我們與宇宙能量實為一體。如此一來，我們就可以跟創意中心緊密連結，製造出更多的正面能量。

當我們把個人的創造力跟宇宙生命能量合而為一，並視其為一體，療癒就會自動發生。

Q 在妳的瀕死經驗中，是否感受過自由？如果有，能否描述一下？

A 我的確覺得自己獲得解放。我覺得瀕死經驗不但把我從過去的意識形態、信念與觀念中釋放，也讓我不需要尋找新的意識形態、信念與觀念。

對我來說，我們之所以會尋求及堅信這些教條，是因為教條能在不確定的時候讓我們感到安心。但是我們會對教條愈來愈依賴，唯有相信教條就是真理才能獲得確定感及安心。我覺得我們愈是相信現實的有限本質，教條就會變得更加根深柢固。

瀕死經驗，讓我有機會體驗身心都不需要確定感的自由自在。換句話說，這讓我即便在不確定之中仍可感受到完美。保持那種層次的心理解放，對我來說，就是真正的自由。

Q 如果妳知道回來後癌症不會痊癒，妳還會選擇回來嗎？

A 因為當時的我處於清明的狀態，如果我感受到我應該回來並透過生病的軀體來傳達訊息，我應該還是會回來。我會希望，當時的領悟就算無法消除或減緩疾病，但至少能幫我消除或減緩內在的痛苦。活在生病的軀體裡必定有其目的。我相信每個人的存在都有其意義，無論身體是否健康。

Q 妳帶回的訊息告訴我們應該好好做自己，但如果是罪犯跟殺人犯呢？他們也應該好好做自己嗎？另外，妳說在另一個國度裡沒有審判，這表示殺人也無須付出代價了！

A 在那個國度裡的確沒有懲罰，因為沒有需要懲罰的事情——我們都是純粹的意識狀態。

很多人無法接受死後沒有審判這個事實，只要想著作惡多端的人必須付出代價，就會讓我們感到放心。但是懲罰、獎賞、審判、譴責等行為只存在於「這裡」，不存在於「那裡」。所以我們才需要法律、規定與制度。

在另一個國度裡，我們對自己與自己的所作所為都了解得清楚透徹，無論那些行為是否道德。我相信人之所以會傷害他人，都是出自於自身的痛苦，以及限制感和分離感。會犯下強暴和謀殺等嚴重暴行的人，對自己本身的美好一無所知。我猜他們一定對自己極度不滿意，才會對別人製造這麼多痛苦。因此，其實他們最需要的是憐憫，而不是來世的審判與更多折磨。

我不相信罪犯與殺人犯是真的在「好好做自己」，我認為人類只有在迷失方向、不了解真正的自己時，才會訴諸於破壞。罪犯找不到自己的中心位置，他們對其他人所做的暴行，只是反映出他們內在對自己的感受。我們經常用「他們」而不是「我們」來區分加害者與受害者，但其實沒有「他們」，只有我們！

連續殺人犯是生病了，就像癌症患者一樣。如果殺人犯變多了，就代表社會生病了。把他們關進牢裡只是治標不治本，就像治療癌症的症狀一樣。如果我們不改變並企圖超越社會內的核心議題，問題只會愈演愈烈，我們只好蓋更多監獄，司法制度也會負擔加重。罪犯不只是自己自身環境下的受害者，也是整體背後的問題所顯現出來的症狀。

我並不是在幫他們的行為開脫，我想要說的是，自從知道了自己本具的美好，我就改變了。如果大家都能真正了解自己、知道自己有多偉大，就不會選擇傷害他人。一個與整體密不可分的、快樂的、被愛的人，就會知道傷害別人就等於傷害自己。

Q 妳的意思是說，犯罪者（假設是殺人犯）死後會跟聖人去一樣的地方，也一樣不會受到偏見？

A 是的，一點也沒錯。

在那個狀態中，我們了解無論自己的一舉一動看起來有多負面，都是源自恐懼、痛苦及有限的洞察力。很多時候我們會做那樣的事、有那樣的感受，都是因為我們以為別無選擇。然而在另一個國度裡，我們很清楚自己的生理限制，所以我們可以了解為什麼當初會做那些事，並且充滿同情心。

被我們貼上「罪犯」標籤的人也是受害者，傷害他們的是自我限制、痛苦與恐懼。當我們明白了這一點，就會感受到自己與每一個人、每一件事緊密連結。這是我在另一個國度領悟到的道理，我們同屬一體，我們都是一樣的。如果大家都知道這一點，就不需要法律跟監獄了。但是在這世上的我們還沒看透，所以我們會用「我們」和「他們」來思考，言行舉止也都受到恐懼所驅使。這就是為什麼我們有審判、法律、監獄跟懲罰。在這個國度裡的此時此刻，我們需要這些東西來自保。但是在另一個國度根本沒有懲罰，因為當我們到了那裡，就知道我們都是彼此相關的。

Q 如果我們創造出自己的現實，人類還會因為因果報應而受到懲罰嗎？

A 我之前曾經提過，在瀕死經驗的狀態中沒有懲罰。因果報應是一種平衡的觀念，而不是因果關係。舉例來說，我從不使用惡報這種字眼，因為我認為報應根本不存在。我只相信生命的每個面向，都是構成整體不可或缺的一部分。

我也不再相信生命是以線性時間一一接續的，這是因果報應的思考基礎。當然這也是我們從小到大被灌輸的觀念。

在瀕死的狀態裡，我發現每一世的每個時刻（過去、現在、未來、已知、未知、不可知）都同時存在，跳脫了我們對時間的認識。我發現我已是完美了，我也相信每個人都一樣。我們視為正面、負面、好或壞的事情，都只是完美、平衡的整體的一部分。

Q 我聽過有人提到寬恕的重要性，妳在另一個國度是否也需要做大量的寬恕？

A 在瀕死經驗的狀態中，因為清明了悟，而讓寬恕的整個意義截然不同。我發現我還沒寬恕的是自己，而不是別人。我看似做錯的每件事都不會受到負面批評，我只是了解到自己為什麼做了那些事。

我也明白在那個永恆、無偏見的國度裡，其實不需要寬恕自己或任何人。我們都是宇宙完美又精巧的孩子，我們因純粹的愛而存在。無條件的愛就是我們與生俱來的權利，而不是審判或譴責，而且我們不需要做任何事就能獲得無條件的愛。這就是我們的身分與本質。

因為有是非對錯，才產生了寬恕的需求。當是非對錯的評斷消失了，自然沒有什麼好寬恕的。在我們編織的宇宙織錦裡，所有的思想、文字與行為都是不可或缺的，能用來創造無以限量的美好整體。就像我先前提過的，光譜需要每種顏色來做對比，並讓生命成為一種存在。還有什麼需要寬恕的呢？

現在我已經用同理心、無條件的愛和憐憫取代寬恕，包括對我自己以及對他人。我不評判，因為評判就會製造寬恕的需求。現在我對每個人在整體中所扮演的角色，只有關愛與尊重。

Q 太愛自己不會變成自私自利嗎？

A 一旦我們了解每個人都位於永恆宇宙的核心，我們在整體的中心位置就會變得至高無上，而且我們也會看見愛自己的價值。你不可能付出自己所沒有的東西。

在我的文化中，我被灌輸凡事要以別人為優先，自己最不重要。沒有人教我要愛自己或珍惜真正的自己。正因為如此，我可以為別人付出的東西非常少。只有當我們能夠充分地關懷自己，才有辦法為他人付出。只有當我們無私地愛自己，用尊重與憐憫接受自己就是美好的存在，才可能用同樣的方式為別人付出。先學會珍惜自己，對別人的關懷自然會隨之而來。

自私源於不夠愛自己而不是太愛自己，因為我們都會自動彌補不足之處。

你不可能太愛自己，就像用來對待別人的真情永遠不嫌多。這世界的苦難都來自大家不夠愛自己，偏見、恐懼與懷疑太多，而安全感太少。如果我們都可以更關心自己，這些苦難都會消失。

嘴上說「我愛你」但心中沒有愛，就是一種做作行為。那不是真心話。對自己好就跟對他人好其實是一樣的，因為我們同屬一體，緊密交織。體認到自己的神性有助於我們看見自己的美好，以及我們值得擁有無條件的愛。一旦我們了解這個道理，對其他人付出同樣的愛就會變得更簡單了。

Q 多數尋求心靈成長的人都相信自我意識會阻礙心靈成長，也認為我們應該捨棄自我意識。妳為什麼不認同這一點呢？

A 因為如果你否認自我，自我就會更用力反撲。你愈抗拒某件事，那件事就會更激烈地反擊以求生存。但是當你可以無條件地愛你的自我意識，接受它是你這輩子的表達方式之一，自我意識根本不成問題。它不會阻礙你的成長，相反的，它會大有助益。

自我意識是與生俱來的，是我們天生的一部分。只有在死後才會完全沒有自我意識。在世時抗拒自我意識，只會製造出更多的自我批判。除此之外，只有無條件地去愛自我意識，才能接受其他人的自我意識。唯有如此，自我意識才不會變成問題，謙卑與美好也才能真正的散發出來。

Q 妳對服務和服務他人有何看法？

A 當服務來自存在的中心，那就是最高境界的愛自己。當我們感受到服務帶來的喜樂時，就知道那是最高境界。那會是一種充滿歡樂的輕盈感！這會讓我們與我們服務的人都受到鼓舞，也能讓對方提升自我價值。

但如果服務他人是出於義務或責任感，就會讓人感到嚴肅又負擔沉重，一下子就筋疲力盡了。這樣對我們毫無益處，對我們服務的人也沒幫助，尤其是對方如果也察覺到我們把服務當成一種義務時。因為這會讓對方感覺自己既渺小又微不足道。

此外，發自內心的服務已不再是一種行為，而是真實的我們。我們不需要思考或刻意去做，會自然而然成為地球上的服務工具。這就是真心服務與作秀的差別。

這種連結的前提，是了解自己與宇宙之間其實毫無區隔。我為全體所做的一切，其實也是為自己而做的，反之亦然。這才是真正的喜樂！

Q 環顧這世界，我覺得充滿了仇恨、衝突與敵意，因為每個人都堅持自己的現實或觀點才是唯一真理。但是妳和其他有過瀕死經驗的人都說，我們眼中的現實不過是一場夢。這樣說起來，大家只是在為各自的錯覺辯得死去活來。妳能否說明一下？

A 我只能重述自己的經驗。對我來說，當我「死去」的時候，感覺就像是大夢初醒。那種感覺不像是去了任何地方，而是清醒之後獲得了全方位的感知——三六〇度的視覺及完全的聯覺（synthesthesia，指一種感覺伴隨著另一種或多種感覺而生的情況），也就是同步的覺知能力。我可以看見、聽見、感覺或知道與我有關的一切。我同時活在自己的過去、現在和未來。即使隔了道牆壁、發生在遠處，只要事情與我有關，我都會知道——因此我聽到了家人與醫生在遠處的對話，也看到哥哥在印度上飛機。

我好像一個初次獲得視力的盲人一樣，沒有去過任何地方，但是世界突然變得很清晰（而且跟想像的不一樣），實在美妙極了。這個盲人忽然明白眼前的景象，就是所謂的顏色與光影，這些都超越了他先前的觀念與理解。

對我來說，我們都是連動的整體，我的感受會影響宇宙。我認為只要我快樂，宇宙就會快樂；如果我愛自己，其他人也會愛我，以此類推。

返回俗世之後，雖然我失去了瀕死經驗中的超敏銳感官，但是當時的領悟、清明及愛的感覺依然存在。這些改變已然發生，我不可能回到以前的思考方式——想像一個盲人復明後又失明的狀態。每次他在世上行動時，儘管他的眼睛看不見，但他還記得世界的模樣。這就是我大致的感覺。

至於我們身處的這個空間究竟是不是真實的，就我來說，我認為每個人都是根據自己對世界的想法而創造了屬於自己的現實。在那個覺醒的狀態中，就像是我的思想達到顛峰後，以三維方式呈現。當我在另一個國度時，感覺比這個國度更真實……就好像從夢裡醒來，回到每天的現實世界！

Q 妳對宗教有何看法？我發現妳在提到瀕死經驗時，很少或甚至從來不提宗教。

A 那是因為死亡超越宗教。人類創造宗教，是為了幫助我們活下去，或是幫助我們了解死亡。但是當我體驗過另一個國度之後，我試著用宗教（無論是哪一種宗教）來解釋那段經歷，似乎都會減弱那段感受。

另一個我不想談宗教的原因是宗教是分歧的，而那絕非我的意圖。我希望能說得更全面一點。我感受到我們同屬一體，也知道當我們死去之後，都會到達同一個地方。對我來說，無論你信奉的是耶穌、佛陀、濕婆神、阿拉或以上皆非，那都無所謂。最重要的是此時此刻你對自己有什麼感覺，因為那才是決定你如何在這裡度過人生的關鍵。你所擁有的只有現在，所以一定要做自己，活出自己的價值。熱情的科學家，對人類的價值不會少於滿屋子的德蕾莎修女。

Q 妳根據瀕死經驗的領悟做了一個有趣的陳述，我指的是妳所主張的：我們此時此刻為了未來所做的選擇，可以改變我們的過去。我是否過度解讀妳的主張了？還是這相當接近妳的想法？

A 你的解讀完全正確。我覺得我們只能在此時此刻創造自己的現實，請注意我刻意不說「創造我們的未來」。對我來說，過去和未來都是流動的，所以我是否重返人間的選擇，也決定了我的檢查結果。

我同意這個領悟的意義十分重要。對我來說，它為我開展了每一天，而且這種覺知愈來愈強大，勝過瀕死經驗本身。

Q 在妳的瀕死經驗敘述中，妳說：「所有的疾病一開始都是能量，然後才具體表現在身體上。」妳有沒有察覺到這個過程？能量如何促成疾病的產生？

A 在我的瀕死經驗中，我覺得自己的血肉之軀並不存在。我是一種純粹的能量，也許可以詮釋為靈魂或精神。它比身體龐大許多，我喜歡用美好來形容它，因為這是我在那個狀態中的感受，彷彿血肉之軀的自己是後來才出現的。這種永恆的能量才是真實的我，身體只是一張量表，顯示有多少生命力「通過」或傳達出來。三維世界彷彿只是另一個維度，而我的能量是真實不虛的。

我個人覺得，當我們說某個人神采奕奕時，意思可能是他們散發出較多的美好能量，所以他們的「量表」讀數非常高！因此，他們的正面能量與個人風采都非常強烈。但在那個國度裡，卻沒有強弱之分，每個人都是美好的。話說回來，在現在這個維度裡，我們能透過身體表達出多少美好能量，似乎是我們可以選擇的。

Q 妳說妳的療癒力量來自內在，而不是外在？

A 它並非來自內在或外在，或者我可以說兩者都是。當我不再從二分法的狀態中展現自己時，我發現內在與外在之間沒有隔閡。我變成萬事萬物的本源，本源也變成了我。但如果你指的是把我治癒的是不是我自己——包括自我意識或身體本身，答案是否定的。它來自永恆的自己，以及認知到我與生命本源毫無隔閡的體悟。

Q 妳對不同的療癒形式有何看法？包括東方及西方。

A 我覺得許多療癒形式都很有用，另一方面我也想澄清，我不認為要經歷過瀕死經驗才能獲得療癒。

在我的瀕死經驗之前，我所做的每件事都出自恐懼，甚至包括治療方法。

我尋求療法時的心理狀態，也是因為我害怕不接受治療可能導致的後果。

一旦恐懼消失、抱持全然信任的心態後，療癒效果也會比較好。我在印度短暫停留期間，健康就大幅改善，因為我遠離了恐懼的氣氛。那是一個對癌症抱持完全不同觀點的文化，是一個比較正面的文化。而在西化的香港，我遇到的多數人都對癌症極度恐懼，他們也把這樣的恐懼傳給我。但是我在印度學到截然不同的觀點，使我充滿希望，我對那種療法充滿信任，也迅速感受到治療的效果。

Q 妳說妳在印度接受阿育吠陀療法時，癌症似乎獲得控制；但回到香港後，癌症又復發了。妳覺得癌症為什麼在印度消失、在香港復發呢？

A 我想再次強調的是，我在印度接受阿育吠陀療法之所以有效，是因為沒有衝突。我身邊的人都抱持相同的信念，大家都認為我的行為很合理。我心中沒有困惑，這是我第一次覺得自己走在正確的道路上。阿育吠陀的醫生、會所等等，都對這種療法提供很多正面支持。

但是在香港有各種選擇，而且各種療法互相衝突！我的首選一直都不是正統的西方醫療，但是如果我沒有特別偏好的療法，我可能會選擇西方醫療。矛盾的是，我最不想選的也是西方醫療。

如果我在中國出生長大，可能會選擇中醫療法——但是我可能根本不會生病！你知道在中國文化中，癌症通常被稱為「西方人的病」嗎？你知道中國、日本甚至印度的癌症發生率，遠低於西方國家嗎？

有些人認為這是因為飲食，但我覺得那只是部分原因。另一個可能性更大的因素是心態——西方人對癌症的恐懼及想法形成了一種持續性的「覺知」。正統的西方醫療專注在癌症的偵測上，大部分的技術用於診斷，而不是促進整體身體的健康與平衡。

Q 妳接受過東方與西方療法，兩者有何差別？

A 我曾在兩者之間來來回回，使我的情緒狀態在恐懼與希望之間擺盪。

西醫只專注在癌症本身，使我感覺到攻擊我的疾病來自外在，而我必須擺脫它。換句話說，癌症是我必須攻擊的敵人。其中的診斷方式，永遠讓人心生恐懼。

東方的醫生（包括阿育吠陀與傳統中醫），則用比較全面性的方式來看待我的整體健康。他們覺得我的癌症是身體嘗試處理失衡的狀態，不只是身體的不平衡，也包括情緒與心理的失衡。癌症其實是我對抗失衡的盟友。他們使用的方法也比較令人安心，給了我更多希望。

在瀕死經驗之後，我發現癌症不是敵人，也不是疾病。我知道癌症想告訴我什麼，癌症其實是我的身體企圖自我療癒的一種方式。對我來說，把癌症當成需要殲滅的敵人，無法消除導致癌症的潛在問題。瀕死經驗處理了比較深層的問題，促使癌細胞消失。

Q 妳的意思似乎是指治療方法因文化而定，沒有孰優孰劣，我的解讀正確嗎？

A 沒錯，這就是我的意思，而我依據的是我的經驗。切記，就我看來，許多現代疾病其實都是心理與心靈的疾病透過身體表現出來。處理心智與心靈的療法，相較於只處理身體的療法，會有比較高的機會改善病情。但受到周遭文化全心擁護的療法會更具療效，尤其是處理病人的心態與心靈的療法。

Q 自從妳經歷過瀕死經驗之後，對癌症與醫療有何看法？妳認為我們即將找到癌症的解藥嗎？

A 我的想法完全出於自己的經驗，我相信我的例子是心智與靈魂的疾病，而不是身體的疾病。身體上的症狀只是反映出更深層的問題，我不認為這種類型的疾病可以透過醫藥方式治癒，因為科學家都把重點放錯地方了。他們不研究病因，只研究症狀，再開發出掩蓋症狀的藥品。他們或許能夠控制症狀，但是我不相信他們能找到「解藥」。

從我對自己的癌症及瀕死經驗方面的了解，我發現大家對癌症的詢問度似乎很高。可惜的是，目前針對我所認為的真正致癌原因還沒有充足的研究資金，但是癌症藥物的研究卻已投入數十億美元。我常在想幫助大家感受到自己的神性與美好，說不定會比賣藥更賺錢！

我相信我的癌症與自我認同有關，彷彿是身體想告訴我，我的靈魂正在為失去價值（也就是它的身分）而哀傷。如果我知道真正的自己是誰，就不會得癌症了！

Q 從來世的觀點來說，妳對金錢有何看法？有些人相信金錢是萬惡之源，妳認為呢？

A 金錢的本質不具任何力量，要看我們是如何看待它，金錢跟這個維度裡的每樣東西都是一樣的。所有的東西在本質上都是中性的，沒有善惡之別。我們選擇賦予它力量，把自己的評斷（負面與正面評斷）加諸在金錢、宗教、種族等事情上。我們創造了跟它們有關的信念，讓它們引發更激昂的情緒；我們創造了這樣的情況，讓眾人為了它們而變得更強悍或彼此抗爭。

我不是說這是壞事——或許在這個國度裡，這麼做是必要的。我們住在二分法的世界，永遠都必須決定好與壞、正面與負面。我們有情緒，我們把情緒加諸在信念裡，包括對金錢的情緒。如果我們把同樣的情緒放在其他事物上，例如另一種商品或交易制度，那麼它也會握有跟金錢一樣的力量。

但是死亡超越二分法，也超越宗教、種族、文化與所有的價值觀及信念。我們不是這些或那些東西，只是此時此刻透過它們來表達自己。我們是更加偉大的存在。

Q 許多需要療癒自己的人，都想知道「相信自己的療癒」、「釋放與順其自然的療癒」以及「進入你的療癒空間」，要如何施行？這些看似老生常談的做法對一般人有用嗎？我想，想療癒自己身體的人會需要知道如何來執行這些做法。

A 我不喜歡吹捧任何一種方法或做法，因為如此一來，我只是製造了更多教條，而我想強調的重點是拋開教條。不過我建議別把疾病或症狀視為「必須擺脫的東西」，別把它當敵人看。因為，這是以恐懼為基礎的反應。對我來說，出現症狀是身體想要自我治療的方式，我知道一旦我以反抗的態度企圖消除疾病，下場一定是適得其反，疾病會起身反撲，並讓自己深陷於疾病的心態之中。

但這不代表你不用去看醫生。我只是提出我對疾病或生理症狀的看法，重點是不要過度驚慌，每天的生活都繞著如何消除疾病團團轉。讓自己分心、從事能讓自己維持正面且有創意的活動，反而更有幫助

我能做的是，不去要求自己的健康非得如何如何，才能在當下找到幸福、創造喜樂，把自己當成健康的人過日子。活在當下，每一刻都是獨一無二、無法複製的，這意味著要拋開情緒包袱，不要讓這樣的負擔從一段時間邁入下一段時間。我們可以選擇是否要讓恐懼如影隨形，把自己困在疾病裡。

你無須成為心靈大師，只要善加利用每分鐘、把握每一刻，無論你可以活一個月或一百年，都要做會讓自己開心的事情。

Q 妳的理論很有意思，但要如何執行？妳現在如何保持健康？妳吃什麼？有什麼是妳不吃的？

A 瀕死經驗之後，我的飲食確實改變了，但是恐怕跟各位想的不一樣！我以前對食物相當偏執，是相當嚴格的素食者。我只吃有機食品，對養生飲食、維他命與麥草汁相當熱中——這是我在得癌症之前。當時我覺得每樣東西都會致癌，從微波爐到防腐劑。我以前吃得非常健康，但是背後的原因是恐懼。

現在的我，想吃什麼就吃什麼。我經常吃巧克力、喝美酒或香檳，我享受美食與人生！我認為快樂比其他事情更重要。

出於對疾病的恐懼或對生世的想望，所以跑去吃所謂的正確的食物，這一點都不好玩，這樣的焦慮可能會引發另外的問題。我們的身體比想像中更強韌，尤其是當我們心情愉快、沒有壓力的時候。

就算我選擇吃得健康，原因也是出於愛而非恐懼。這是我面對人生每一個面向的態度，我也邀請各位採取相同的生活方式。

Q 如果妳的瀕死經驗帶有訊息或警示，妳很希望大家都能夠知道或了解的會是什麼？

A 我希望大家都能知道，你的每一個部分都是美好的，包括你的自我意識、智力、身體及精神。你的本質是宇宙最美麗的產物，你的每一面都是完美的。你無須放棄、無須寬恕也無須追求，因為你已經是你最需要的狀態了。聽起來也許有點複雜，但其實不然。

如果宗教讓你覺得你比諸神低等，那麼不是你自己詮釋錯誤，就是這個宗教沒能讓你接近真相。如果有精神導師、老師或大師讓你覺得你「還沒」獲得啟蒙，需要經過更多「學習」、「釋放」或「放手」才能達到那個境界，那麼不是他們沒有盡到責任，就是你誤解了他們，因為你一直沒有認識到真正的自己。

請提醒你身邊的每個人好好做自己，讓他們知道你愛真實的他們！他們都很完美，你也是。沒有不值得愛的人。最大的痛苦來源是覺得自己「不夠好」。要記住，你不會比不上任何事或任何人，因為你早已是完整的。

只有一件事是你必須學習的：你已經是你想要達成的自己了。毫無拘束地、勇敢地表達自己的獨特！這就是你之所以是現在的你，也是你之所以來到這個俗世的原因。

國家圖書館出版品預行編目（CIP）資料

死過一次才學會愛：艾妮塔的瀕死重生奇蹟 / 艾妮塔・穆札尼（Anita Moorjani）著；隋芃譯 . -- 二版 . -- 臺北市：橡實文化出版：大雁出版基地發行，2021.08
面； 公分
譯自：Dying to be me : my journey from cancer, to near death, to true healing

ISBN 978-986-5401-82-5（平裝）

1. 艾妮塔（Moorjani, Anita, 1959-） 2. 癌症 3. 病人 4. 傳記

417.8 110011958

BC1020R

死過一次才學會愛：艾妮塔的瀕死重生奇蹟

Dying To Be Me: My Journey from Cancer, to Near Death, to True Healing

作　　者　艾妮塔・穆札尼（Anita Moorjani）
譯　　者　隋芃
責任編輯　田哲榮
協力編輯　劉芸蓁
封面設計　斐類設計

發 行 人　蘇拾平
總 編 輯　于芝峰
副總編輯　田哲榮
業務發行　王綬晨、邱紹溢、劉文雅
行銷企劃　陳詩婷
出　　版　橡實文化 ACORN Publishing
地址：231030 新北市新店區北新路三段 207-3 號 5 樓
電話：（02）8913-1005　傳眞：（02）8913-1056
網址：www.acornbooks.com.tw
E-mail 信箱：acorn@andbooks.com.tw
發　　行　大雁出版基地
地址：231030 新北市新店區北新路三段 207-3 號 5 樓
電話：（02）8913-1005　傳眞：（02）8913-1056
讀者服務信箱：andbooks@andbooks.com.tw
劃撥帳號：19983379　戶名：大雁文化事業股份有限公司

印　　刷　中原造像股份有限公司
二版一刷　2021 年 8 月
二版四刷　2024 年 9 月
定　　價　330 元
I S B N　978-986-5401-82-5

＊原書名：死過一次才學會愛